1 Ernährung bei Schwangerschaft

Diese Empfehlungen bitte immer mit Ernährungsberater/in, Arzt oder Diätologen/in absprechen! Die Rezepte und Zutatenlisten unterstützen die medizinischen Therapien.

Die Kalorienangaben frischer Zutaten (Obst und Gemüse) und die Inhaltsstoffe schwanken je nach Qualität und Erntezeit. Die Inhalte wurden von einer Diätologin und einer Ernährungsberaterin für die Traditionelle Chinesische Medizin (TCM) geprüft.

Autor:
©2022 Josef Miligui
Liebe Leserinnen und Leser, ich wünsche Ihnen viel Erfolg und gutes Gelingen bei der Umstellung Ihrer Ernährung. Dieses Buch wurde aus eigener Erfahrung mit Krankheit und Ernährung geschrieben und ich habe schon immer das Zubereiten guter Speisen geschätzt. Wenn Sie nicht so geübt sind im Kochen, empfiehlt sich ein Kurs bei Ernährungsberatern oder Diätologen, die Ihnen die Grundlagen der Kochmethoden sowie die richtige Verarbeitung der Zutaten vermitteln können. Anhand der Lebensmittellisten aus diesem Buch können Sie weitere Rezepte entwickeln und entdecken.

Quelle:
Die Listen werden aus der EBNS-Datenbank für die Ernährungsberatung generiert. Die Datenbank wird von Ernährungsberater, Therapeuten und Ärzte für die Beratung der Patienten/Klienten verwendet und ermöglicht eine Kombination mehrerer Syndrome.

Literaturliste:
Wir haben die Unterlagen als Wissensbasis genutzt und an unsere Erfahrungen angepasst und ergänzt.
www.ebns.at

Herstellung und Verlag:
BoD – Books on Demand, Norderstedt
ISBN: 9783839153291

DIÄTETIK - Allgemein - Schwangerschaft
(Buch: 007)

1.1 Vorwort

Die Weltgesundheitsorganisation (WHO) davon spricht, dass bis zu 80% der Erkrankungen durch äußere Faktoren wie Ernährung, Lebensstil, Umweltgifte und dergleichen beeinflusst werden.

Welche Faktoren also jeder einzelne von uns aktiv beeinflussen kann und somit seine Chancen auf Erhöhung der allgemein Gesundheit erzielen kann, darum geht es auf den folgenden Seiten.

Der Fokus in diesem Buch liegt auf dem Faktor mit der größten Hebelwirkung - der Ernährung.
Schon Hippokrates hat einst gesagt "Lass die Nahrung deine Medizin sein und Medizin deine Nahrung!" Kräuterpädagog:innen heute sagen so: "Es gibt für jede Krankheit das richtige Kraut."

Egal wie wir es drehen und wenden, wir sind was wir essen (und was unser Essen gegessen hat). Der moderne Mensch sieht sich gerne isoliert von seiner Umwelt. Wir entstehen aus unserer Umwelt, wir leben inmitten von ihr und wenn wir sterben gehen wir wieder in unsere Umwelt über. Während wir leben essen wir das, was in unserer Umwelt wächst (oder in Fabriken chemisch erzeugt wird). Diese Nahrung liefert die Energie und Bausteine, für den eigenen Körper, für den Stoffwechsel, Zellerneuerung, den Hormonhaushalt und damit für unser gesamtes Sein, die Gesundheit und unser Empfinden.

Hier ein paar Grundbausteine, bevor in dem Buch noch näher auf
Ernährungsfaktoren eingegangen wird, die sozusagen der kleinste
gemeinsame Nenner der meisten Ernährungsphilosophien sind:

- Saisonalität
  - Winterpflanzen, wie zum Beispiel verschiedene
    Kohlgewächse, versorgen uns mit Unmengen von
    Vitamin C und Bitterstoffen. Zwei Faktoren, die unser
    Immunsystem bei der Abwehr von der Kälte und den
    typischen Infekten in der Winterzeit unterstützen.
  - Sommerpflanzen wie zum Beispiel Gurken, Tomaten
    aber auch Zitrusfrüchte kühlen unseren aufgeheizten
    Körper und versorgen uns mit viel Wasser.
  - Außerdem müssen bei saisonalen Pflanzen weniger
    chemische Helferlein eingesetzt werden, da die
    passenden Umweltfaktoren das Wachstum sowieso
    fördern.
- Regionalität
  - Damit einher geht auch der Faktor der Regionalität.
    Regionale pflanzliche Lebensmittel werden reif geerntet
    und haben somit alle Nährstoffe entwickeln können. Im
    Gegensatz dazu wird Obst und Gemüse aus ferneren
    Ländern unreif geerntet und nur durch den Einsatz von
    chemischen Mitteln unnatürlich "nachgereift" - bzw. nur
    nach-gefärbt. Die Dichte der Nährstoffe und auch der
    Geschmack kann dabei niemals mit regionalen
    Lebensmitteln mithalten. (Sie haben es vielleicht schon
    selber erlebt, dass eine Südfrucht aus dem jeweiligen
    Ursprungsland dort im Urlaub viel süßer und
    vollmundiger schmeckt als die gleiche Frucht aus dem
    zentraleuropäischen Supermarkt).
- Pflanzenbasierte Ernährung
  - Ja, diese Basis teilen selbst die Anhänger der
    Fleischdiät mit den Veganern. Denn bei der Fleischdiät
    geht es auch um Fleisch von Tieren, die sich
    artgerecht, sprich von vielen Gräsern und Kräutern
    ernährt haben. Die Masse an Getreide in der heutigen
    Ernährung - egal ob bei Mensch oder Tier - entspricht
    nicht der natürlichen Ernährungsweise. Sie macht uns

krank, dick und manche behaupten sogar dumm (das weist auf die Schädigung der neuronalen Netzwerke hin, die durch den Konsum von Kohlenhydraten passiert hin). Pflanzen im Sinne von Gemüse, Kräutern, Salaten, Sprossen, in geringen Mengen Obst, Nüsse, Samen, etc. liefern neben den viel beschriebenen Vitaminen und Mineralstoffen vor allem sekundäre Pflanzenstoffe, die herausragende Heilwirkung haben. So werden eine Vielzahl unserer Medikamente auf Basis der natürlich vorkommenden Pflanzenstoffe nachgebaut. Allerdings sind da diverse Säuren und andere Wirkstoffe extrahiert und wirken nur alleine - mit den Pflanzen selbst nehmen wir sie in einer reichhaltigen und sich gegenseitig verstärkenden Kombination vielerlei wirksamer Stoffe zu uns.

Ja zusätzlich zu diesen 3 großen Punkten gibt es immer noch sehr viel zu beachten. Ein optimales Verhältnis von Omega 3 zu Omega 6 Fettsäuren (empfohlen wird 1:3), eine individuell und situationsbedingte Eiweißversorgung und so weiter.

Eine ganz gute und einfache Richtlinie für die alltägliche Ernährung bietet der ideale Teller. Der sieht so aus, dass möglichst jede Mahlzeit zur Hälfte aus pflanzlichen Bestandteilen besteht, ein Viertel der Eiweißversorgung dient und ein Viertel die Mahlzeit durch gute Fette und eventuell Kohlenhydrate abrundet.

Die Feinjustierung rund um die Zubereitungsarten, die Zusammenstellungen und so weiter sehe ich als sehr individuell an. Es gibt meines Erachtens nicht die 1 perfekte Ernährung. Es gibt so viele großartige Philosophien und Studien, die alle wunderbare Heilungen berichten und sich dabei aber gegenseitig ausschließen. Was auf den ersten Blick vielleicht paradox wirkt, eröffnet bei näherer Betrachtung ganz viele Möglichkeiten des Probierens und neuer Chancen.

Neben der Ernährung werden noch folgende Faktoren genannt:
- die Giftstoffbelastung in unserer Umwelt sowie in Pflegeprodukten oder eben in der Ernährung
- eine Balance aus Aktivität, (kurzzeitigem) Stress und der Entspannung wie auch Schlaf
- Aufarbeitung der emotionalen Wunden aus der Vergangenheit und Steigerung der Resilienz
- Biologische Zahnheilkunde

- eine optimierte Versorgung durch Heilkräuter, Heilpilze udgl.
- Früherkennung durch bewährte und schonende Verfahren

1.2 Beschreibung

Richtige Ernährung ist für Mutter und Kind von größter Bedeutung - entscheidend ist die Qualität.
Energiebedarf und Gewichtsverhalten:
Der gesamte Stoffwechsel wird umgestellt. Ab der 15. Schwangerschaftswoche steigt der Grundumsatz. Beispiel für den Energiebedarf einer 60 kg schweren Frau bei leichter körperlicher Arbeit: Im 1. Schwangerschaftsdrittel: 1.800-2.000 kcal (kein Mehrbedarf) Im 2. Schwangerschaftsdrittel: 2.100-2.300 kcal (ca. 300 kcal zusätzlich) Im 3. Schwangerschaftsdrittel: 2.400-2.600 kcal (ca. 600 kcal zusätzlich)
Ausschlaggebend für Empfehlungen zur Gewichtszunahme ist das Ausgangsgewicht:
Im 1. Drittel der Schwangerschaft keine Gewichtszunahme Im 2. Drittel der Schwangerschaft ca. 250 g wöchentlich Im 3. Drittel der Schwangerschaft ca. 500 g wöchentlich
Durchschnittliche Gewichtszunahme: 9-11 kg
Nährstoffbedarf:
Eiweiß: Zunahme von 0,8 auf 1,2 g/kg Körpergewicht (täglich 30 g mehr) Wachstum des Fetus, Zunahme des mütterlichen Gewebes
Fett: 1 g/kg Körpergewicht, ausgehend vom Normalgewicht
Kohlenhydrate: 4-5 g/kg Körpergewicht
In der 2. Schwangerschaftshälfte blähendes Gemüse je nach Verträglichkeit
Vitamine: Ab dem 4. Schwangerschaftsmonat steigt der Bedarf an A, D, B1, B2, B6, Folsäure, C
Mineralstoffe:
Calcium: Die Zähne der Schwangeren sind besonders gefährdet, das Sprichwort „Jedes Kind kostet einen Zahn" hat deshalb seine Berechtigung. Der Bedarf steigt von 1.000 mg auf 1.400 mg/Tag - eventuell Calciumtabletten
Magnesium: Mangel verursacht Wadenkrämpfe
Eisen: Erhöhter Bedarf ist durch Nahrung kaum zu decken - prophylaktisch Eisentabletten
Fluor: Bedarf erhöht.
Folsäure sollte bereits bei Kinderwunsch supplementiert werden, um einen Neuralrohrdeffekt beim Kind zu verhindern.

1.3 Therapiestrategie

Die werdende Mutter und das Kind sollen mit ausreichend Energie und wichtigen Nährstoffen versorgt werden. Alkoholfreie und energiearme Getränke trinken (Wasser, ungezuckerte Früchtetees, verdünnte Obstsäfte und Gemüsesäfte).
Der Bedarf an Eiweiß erhöht sich ab dem 4. Schwangerschaftsmonat. Vegetarierinnen sollten viele Vollkornprodukte, Obst und Gemüse essen – um Eisen- und B-Vitaminmangel vorzubeugen.

1.4 Vermeiden

Alkohol und Nikotin meiden, rohes oder halb gegartes Fleisch (Salmonellen, Toxoplasmose Erreger), Rohwürste (Salami), kein schwermetallbelasteter Fisch, Rohmilch und daraus hergestellter Weichkäse (Listerien).
Übergewicht. Vermeiden Sie chininhaltigen Getränke, rohes und unvollständig durchgebratenes Fleisch, Rohmilch, Weichkäse und geschmierter Käse, vorgeschnittenen, verpackten Salate wegen der Keimbelastung.

---

2 Speiseplan

Kkal. p. Portion

2.1 Frühstück

2.2 Jause

2.3 Mittag

2.4 Nachmittag

2.5 Abend

3   Rezepte

empfehlenswert = Sie können mehr verwenden
wenig = wenn möglich weniger verwenden
weniger als angegeben = möglichst nicht verwenden

3.1   Andalusischer Fischtopf

Stärkt Immunsystem, beugt Krebs vor, löst Stagnation, fördert
Gewichtsabnahme, regt Appetit an. Gut bei Abwehrschwäche,
Appetitlosigkeit, Blähungen, Bluthochdruck, Depressionen, Diabetes,
Durchfall.

Anzahl Portionen: 4
Kalorien p. Portion 348
Gramm p. Portion   355,05
Kochdauer ca.   30 Min.
Allergene: ADLO
(Kohlehydrat:71,39% / Eiweiß & Fett:28,61%)
100g.≈ Eiweiß 20,04g. Fett:6,52g.
µg. - Ph:15,55 Na:20,18 Ka:34,69 Mg:13,44 Ca:42,9 Fe:0,13 Zn:0,02 Col.:0,79 Hsr.:9,89

Zutaten:
Grundrezept für eine Gemüsebrühe nahrhaft 500 ml. / 500g. (ja)
Zwiebel Frühlingszwiebel 2 Stück / 40g. (ja)
Olivenöl 1 EL / 20g. (ja)
Zitrone Schale 1/2 Stück / 3g. (ja)
Lorbeerblatt 1 Stück / 1g. (ja)
Kartoffel 200 g / 200g. (ja)
Kabeljau 300 g. / 300g. (ja)
Weißwein 4 EL / 80g. (wenig)
Zitrone Saft 1/2 EL / 10g. (ja)
Salz 1 Prise / 1g. (wenig)
Pfeffer gemahlen 1 Prise / 0,2g. ()
Petersilie 1 EL / 15g. (ja)
Weißbrot (Weizenbrot) 8 Scheiben / 250g. (wenig)

Kochanleitung:
Gemüsebrühe mit kleingeschnittenen Frühlingszwiebeln, Olivenöl,
abgeriebener Zitronenschale und Lorbeerblatt zum Kochen bringen und
zugedeckt 10 Min. kochen. Geschälte, kleingewürfelte Kartoffeln
zufügen und in ca. 8 Min. fast weich kochen. Fischstücke und Weißwein
zugeben und den Herd auf kleine Stufe schalten. In der leicht
kochenden Brühe den Fisch in wenigen Minuten gar ziehen lassen. Mit
Zitronensaft, Salz und Pfeffer abschmecken und mit Petersilie bestreut
servieren. Als Beilage Weißbrot dazu reichen.

3.2 Antipasti

Fördert Durchblutung, lindert Entzündungen und Schmerzen, harntreibend, senkt Blutdruck, antioxidativ, antibakteriell, regt Kreislauf an. Hilft bei: Appetitlosigkeit, Magen- und Verdauungsschwäche, Blähungen.

Anzahl Portionen: 3
Kalorien p. Portion 100
Gramm p. Portion   246,83
Kochdauer ca.   40 min.
Allergene:
(Kohlehydrat:53,79% / Eiweiß & Fett:46,21%)
100g.≈ Eiweiß 2,75g. Fett:5,61g.
µg. - Ph:7,93 Na:1,08 Ka:67,5 Mg:5,14 Ca:7,21 Fe:0,24 Zn:0,03 Col.:0 Hsr.:5,8

Zutaten:
Peperoni 1 Stück / 5g. (ja)
Zitrone Saft 1 EL / 10g. (ja)
Aubergine 1 Stück / 300g. (ja)
Tomate 4 Stück / 200g. (empfehlenswert)
Zucchini 200 g. / 200g. (empfehlenswert)
Zitrone Schale 1/2 Stück / 3g. (ja)
Olivenöl 1 EL / 15g. (ja)
Basilikum (frisch) 8 Blätter / 5g. (ja)
Salz 1 Prise / 0,5g. (wenig)
Koriander 1/2 TL / 2g. (ja)

Kochanleitung:
Peperoni im Ofen bei 250 Grad backen, bis die Schale dunkel wird (ca. 20 Min.). Die Peperoni abdecken und auskühlen lassen, häuten und in ca. 2 cm breite Streifen schneiden. Tomaten halbieren und gemeinsam mit den in Scheiben geschnittenen Auberginen mit Öl bestreichen und im Ofen bei 200 Grad goldbraun backen (ca. 10 Min.).
Zucchinischeiben in Grillpfanne (ohne Fett) anbraten. Alles zusammen anrichten, die Marinade aus Olivenöl, Salz und Zitronenschale mischen und über das Gemüse gießen. Mit Koriander bestreuen und 1 Std. ziehen lassen.

3.3   Apfel-Bananen-Creme

Reguliert Magen-Darm-Funktion, liefert Vitamin C, cholesterinsenkend, entzündungshemmend, harntreibend, fördert Durchblutung.

Anzahl Portionen: 4
Kalorien p. Portion   110
Gramm p. Portion   206,25
Kochdauer ca.   15 Min.
Allergene:
(Kohlehydrat:94,44% / Eiweiß & Fett:5,56%)
100g.≈ Eiweiß 0,84g. Fett:0,51g.
µg. - Ph:3,01 Na:0,49 Ka:38,02 Mg:2,73 Ca:2,25 Fe:0,1 Zn:0,01 Col.:0 Hsr.:3,19

Zutaten:
Apfel (sauer) 400 g. / 400g. (empfehlenswert)
Wasser 200 ml. / 200g. (ja)
Orange Schale 1/4 Stück / 5g. (ja)
Zitrone Schale 1/2 Stück / 2g. (ja)
Zucker braun 2 TL / 6g. (wenig)
Zimtstange 1 Stück / 0g. (ja)
Banane 1 Stück / 150g. (ja)
Acerola Fruchtnektar oder Pulver 1 TL / 2g. (ja)
Orangensaft 1/2 Stück / 50g. (ja)
Zitrone Saft 1 EL / 10g. (ja)

Kochanleitung:
Apfel in feine Spalten schneiden, mit Wasser, Orangen- und Zitronenschale, Zucker und Zimt zum Kochen bringen und ca. 7 Min. köcheln lassen. Die Äpfel sollen fast weich sein. Acerola zufügen und Zimtstange entfernen. Mit dem Mixstab Apfel, Banane, Orangen- und Zitronensaft fein pürieren.

3.4   Bananen-Sojamilch

Gut bei Appetitlosigkeit, Mundschleimhautentzündung. Stärkt Körperenergie, fördert Verdauung, lindert Schmerzen, entgiftet, bakterizid.

Anzahl Portionen: 2
Kalorien p. Portion   126
Gramm p. Portion   263
Kochdauer ca.   5 Min.
Allergene: E
(Kohlehydrat:59,53% / Eiweiß & Fett:40,47%)
100g.≈ Eiweiß 7,49g. Fett:4,14g.
µg. - Ph:21,94 Na:251,11 Ka:110,08 Mg:13,31 Ca:9,78 Fe:0,4 Zn:0,11 Col.:0 Hsr.:33,68

Zutaten:
Banane 1 Stück / 120g. (ja)
Sojabohnenmilch 400 ml. / 400g. (ja)
Honig 1 TL / 3g. (ja)
Zimtpulver 1 Prise / 1g. (ja)
Acerola Fruchtnektar oder Pulver 1 TL / 2g. (ja)

Kochanleitung:
Banane in Stücke schneiden, mit Sojamilch, Acerola, Honig und Zimt
mit dem Mixstab pürieren.

3.5 Basmatireis + Zucchini-Tofupfanne

Harntreibend, harmonisiert Milz und Magen, lindert Blähungen. Gut bei
Übergewicht und Bluthochdruck. Antioxidativ, fördert Verdauung,
entgiftet, stärkt Säfteproduktion, treibt Schweiß, reduziert Blutfett, stärkt
Magen.

Anzahl Portionen: 4
Kalorien p. Portion 146
Gramm p. Portion   306,75
Kochdauer ca.   20 min.
Allergene: E
(Kohlehydrat:56,62% / Eiweiß & Fett:43,38%)
100g.≈ Eiweiß 7,95g. Fett:4,89g.
µg. - Ph:13,21 Na:0,7 Ka:33,77 Mg:10,99 Ca:11,98 Fe:0,34 Zn:0,02 Col.:0 Hsr.:7,75

Zutaten:
Soja Tofu 250 g. / 250g. (ja)
Olivenöl 2 EL / 6g. (ja)
Koriander 1/2 TL / 4g. (ja)
Ingwer frisch 1/2 TL / 4g. (ja)
Reis Basmatireis 1/2 Tasse / 60g. (ja)
Wasser 3 Tassen / 200g. (ja)
Zucchini 1 Stück / 700g. (empfehlenswert)

Kochanleitung:
Tofu würfelig schneiden und mit Olivenöl, Tamari, zerstoßenem
Koriander und Ingwer marinieren und mindestens 1 Std. ziehen lassen.
Basmatireis im Wasser kochen und evtl. mit Zwiebel und Kardamom
würzen. Zucchini und Tofu in einer Pfanne in heißem Öl ca. 5-7 Min.
rösten und auf Tellern getrennt vom Reis anrichten. Petersilie
drüberstreuen. Kann auch kalt als Salat für zuhause oder unterwegs
verwendet werden.

3.6 Brokkolicrèmesuppe

Gegen Thrombose, fördert Schilddrüsenfunktion, stärkt das Immunsystem, fördert Aufbau und Erhalt von gesunden Knochen, Zähnen, Haaren und Nägeln. Senkt Blutdruck, bakterizid, beugt Krebs vor, reduziert Strahlenverletzungen.

Anzahl Portionen: 6
Kalorien p. Portion 98
Gramm p. Portion 251,25
Kochdauer ca. 30 min.
Allergene: LO
(Kohlehydrat:78,7% / Eiweiß & Fett:21,3%)
100g.≈ Eiweiß 4,18g. Fett:1,91g.
µg. - Ph:6,81 Na:2,68 Ka:26,22 Mg:8,36 Ca:32,5 Fe:0,16 Zn:0,01 Col.:0 Hsr.:2,7

Zutaten:
Olivenöl 2-3 EL / 7g. (ja)
Brokkoli 500 g. / 500g. (empfehlenswert)
Karotte (Mohrrübe, Möhre) 2 Stück / 150g. (empfehlenswert)
Kartoffel 2 Stück / 120g. (ja)
Zwiebel weiss 1 Stück / 50g. (ja)
Wasser 1 Tasse / 50g. (ja)
Grundrezept für eine Gemüsebrühe nahrhaft 1/2 Liter / 500g. (ja)
Weißwein 1/8 Liter / 125g. (wenig)
Salbei 1 TL / 2g. (ja)
Rosmarin 1 TL / 2g. (ja)
Pfeffer gemahlen 1 Prise / 0,5g. ()
Salz 1 Prise / 1g. (wenig)

Kochanleitung:
Olivenöl in die Pfanne geben, den gewaschenen und in Stücke geschnittenen Brokkoli, gewürfelte Karotten und Kartoffeln zugeben, kurz andünsten, klein geschnittene Zwiebel zufügen und alles mindestens drei fingerbreit mit Wasser auffüllen. Mit Brühe und ganz wenig Weißwein aufgießen und mit Salz, geschnittenem Salbei und Rosmarin würzen, aufkochen lassen und auf kleinem Feuer ca. 25 Min. köcheln lassen. Mit Pfeffer und evtl. noch mal Meersalz würzen und alles pürieren.

3.7 Couscous-Salat

Bakterizid, beugt Krebs vor, stärkt Magensaftproduktion, fördert Verdauung, regt Leberfunktion an, senkt Blutdruck, stärkt Immunsystem, reduziert Strahlenverletzungen, harntreibend.

Anzahl Portionen: 3
Kalorien p. Portion 338
Gramm p. Portion 285,67
Kochdauer ca. 25 Min.
Allergene: A
(Kohlehydrat:75,44% / Eiweiß & Fett:24,56%)
100g.≈ Eiweiß 12,22g. Fett:7,11g.
µg. - Ph:15,3 Na:17,27 Ka:83,68 Mg:6,5 Ca:21,3 Fe:0,46 Zn:0,07 Col.:0 Hsr.:13,69

Zutaten:
Wasser 250 ml. / 100g. (ja)
Olivenöl 1 EL / 15g. (ja)
Couscous 200 g / 200g. (ja)
Zitrone Saft 3 EL / 30g. (ja)
Zitrone Schale 1 TL / 2g. (ja)
Tomate 2 Stück / 80g. (empfehlenswert)
Gurke 100 g. / 100g. (empfehlenswert)
Karotte (Mohrrübe, Möhre) 100 g. / 100g. (empfehlenswert)
Petersilie 1 Bund / 100g. (ja)
Lauchzwiebel Schnittlauch 1 Bund / 100g. (ja)
Pfefferminze 3 Äste / 30g. (ja)

Kochanleitung:
In einem kleinen Topf 250 ml Wasser mit Salz und 1 EL Olivenöl zum Kochen bringen. Couscous einrühren, vom Herd nehmen und zugedeckt 5 Min. quellen lassen. Couscous zurück auf den Herd stellen und bei milder Hitze weitere ca. 2 Min. unter ständigem leichten Rühren ziehen lassen. Eventuell noch 1-3 EL heißes Wasser untermischen. Couscous mit Zitronensaft, kleingehackter Zitronenschale und 1 EL Öl vermischen, mit Salz und Pfeffer abschmecken und etwas durchziehen lassen. Couscous mit gewürfelten Tomaten und Gurken, geriebenen Karotten, Petersilie, Schnittlauch und Minze (fein gehackt) vermischen. Couscous-Salat mit Zitronensaft, Salz und Pfeffer abschmecken.

3.8 Cranberrisaft

Antibakteriell, harntreibend. Gut bei Appetitlosigkeit, Arteriosklerose, Blasenentzündung, Durchfall, Fieber, Gicht, Magengeschwür, Mundschleimhautentzündung, Rheuma. Gegen freie Radikale, gegen Erkältung. Beugt Vitamin-C-Mangel vor.

Anzahl Portionen: 1
Kalorien p. Portion 43
Gramm p. Portion   160
Kochdauer ca.   5 Min.
Allergene:
(Kohlehydrat:98,46% / Eiweiß & Fett:1,54%)
100g.≈ Eiweiß 0,14g. Fett:0,02g.
µg. - Ph:2,06 Na:1,53 Ka:11,69 Mg:1,16 Ca:4,22 Fe:0,09 Zn:0,1 Col.:0 Hsr.:3,12

Zutaten:
Cranberries 2 EL / 25g. (ja)
Wasser 1 Tasse / 125g. (ja)
Honig 1 EL / 10g. (ja)

Kochanleitung:
Cranberries und etwas Wasser mit dem Pürierstab zu einem Brei mixen. Mit dem restlichen Wasser aufgießen und mit Honig süßen.

3.9 Curryreis mit Rosinen und Nüssen

Stoppt Durchfall, fördert Verdauung, regt Appetit an, harmonisiert Magen, fördert Durchblutung, verbessert Medikamentenwirkung, entschlackt die Haut, regt Nerven an, befreit Atmung, erhöht Körpertemperatur, schweißtreibend.

Anzahl Portionen: 4
Kalorien p. Portion 275
Gramm p. Portion   291
Kochdauer ca.   30 min.
Allergene: HO
(Kohlehydrat:76,19% / Eiweiß & Fett:23,81%)
100g.≈ Eiweiß 3,78g. Fett:8,88g.
µg. - Ph:12,77 Na:2,26 Ka:25,36 Mg:5,82 Ca:3,11 Fe:0,14 Zn:0,02 Col.:0 Hsr.:4,85

Zutaten:
Sonnenblumenöl 1 EL / 15g. (ja)
Zwiebel weiss 1 Stück / 50g. (ja)
Curry 1/2 TL / 2g. (ja)
Reis Wilder (Naturreis) 1 Tasse / 120g. (empfehlenswert)
Salz 1 Prise / 1g. (wenig)
Weißwein 1/8 Liter / 125g. (wenig)
Zitrone alternativ für Weißwein / g. (ja)

Paprika (Rosenpaprikapulver) 1 Prise / 1g. (ja)
Apfel (süß) 2 Stück / 300g. (empfehlenswert)
Rosinen 2 EL / 25g. (ja)
Walnüsse 2 EL / 25g. (empfehlenswert)
Wasser 6 Tassen / 500g. (ja)

Kochanleitung:
Öl in einem Topf erhitzen und kleingeschnittene Zwiebeln darin glasig
dünsten. Curry dazugeben und kurz aufschäumen lassen. Dann rohen
Reis einige Minuten bei schwacher Hitze unter ständigem Rühren darin
anbraten. Salz, einen Schuss Weißwein oder Zitronensaft,
Rosenpaprika, süße Äpfel (kleingeschnitten), Rosinen und gehackte,
geröstete Nüsse zufügen. Mit heißem Wasser übergießen, bis alles gut
bedeckt ist und köcheln lassen, bis der Reis gar ist. Dazu passt:
Karotten-Fenchel-Gemüse, Hülsenfrüchte mit gekochtem Gemüse,
geschnetzeltes Geflügel mit Ingwer und Pilzen.

3.10 Erdbeersuppe mit Melonen
Lindert Schmerzen und Entzündungen bei Rheuma, ist harntreibend,
hilft bei Verstopfung.
Anzahl Portionen: 2
Kalorien p. Portion 87
Gramm p. Portion 285,5
Kochdauer ca. 5 Min.
Allergene:
(Kohlehydrat:86,25% / Eiweiß & Fett:13,75%)
100g.≈ Eiweiß 2,04g. Fett:0,84g.
µg. - Ph:11,96 Na:3,07 Ka:101,16 Mg:6,79 Ca:10,32 Fe:0,28 Zn:0,01 Col.:0 Hsr.:13,35

Zutaten:
Erdbeere 300 g. / 300g. (empfehlenswert)
Erdbeersaftgetränk 70 ml / 70g. (ja)
Zitrone Schale 1/4 TL / 1g. (ja)
Honigmelone 200 g / 200g. (ja)

Kochanleitung:
Erdbeeren (frisch oder tiefgekühlt) und Erdbeersaft mit dem Mixstab
pürieren und etwas Zucker untermischen. Melonenfruchtfleisch in kleine
Stücke schneiden. Die Erdbeersuppe portionsweise anrichten und
Melonenwürfel in die süße Suppe setzen.

3.11 Erfrischende Gurkensuppe mit Kartoffeln

Harntreibend, entgiftend, unterdrückt Umwandlung von Zucker in Fett, senkt Cholesterinspiegel, lindert Entzündungen, verbessert Verdauung, löst Stagnation, fördert Durchblutung, fördert Appetit.

Anzahl Portionen: 3
Kalorien p. Portion 148
Gramm p. Portion 307,33
Kochdauer ca. 15 Min
Allergene: GN
(Kohlehydrat:70% / Eiweiß & Fett:30%)
100g.≈ Eiweiß 3,93g. Fett:5,09g.
µg. - Ph:3,72 Na:0,77 Ka:23,54 Mg:1,43 Ca:2 Fe:0,05 Zn:0,02 Col.:0 Hsr.:1,19

Zutaten:
Sesamöl 1 EL / 10g. (empfehlenswert)
Kartoffel 4 Stück / 300g. (ja)
Zwiebel Frühlingszwiebel 3 Stück / 60g. (ja)
Pfeffer gemahlen 1 Prise / 0,5g. ()
Muskatnuss 1 Prise / 1g. (ja)
Salz 1 Prise / 1g. (wenig)
Zitrone 1/2 Stück / 25g. (ja)
Gurke 2 Stück / 500g. (empfehlenswert)
Sahne, süß 30% 1 EL / 10g. (wenig)
Dill 1 EL / 15g. (ja)

Kochanleitung:
Kleingeschnittene Kartoffeln und reichlich Frühlingszwiebeln in Sesamöl anbraten und mit Pfeffer, etwas Muskat, Salz und Zitronensaft würzen. Heißes Wasser und gewürfelte Salatgurke dazugeben, ca. 10 Min. dünsten und danach pürieren. Etwas süße Sahne nach Belieben und frischen Dill zufügen. Variante: Etwas Chili, Oregano, Thymian oder Rosmarin dazugeben, um die abkühlende Wirkung zu mildern.

3.12 Exotisches Linsengericht

Stärkt Herz und Nieren, harntreibend, beruhigt den Magen, fördert Verdauung, löst Stagnation, hilft Fett zu verdauen, senkt Blutdruck, entgiftet, stimuliert das Immunsystem.

Anzahl Portionen: 4
Kalorien p. Portion 144
Gramm p. Portion 273,38
Kochdauer ca. 45 Min.
Allergene: NO
(Kohlehydrat:71,01% / Eiweiß & Fett:28,99%)
100g.≈ Eiweiß 5,83g. Fett:3,46g.
µg. - Ph:13,56 Na:11,59 Ka:48,35 Mg:8,52 Ca:8,91 Fe:0,27 Zn:0,02 Col.:0 Hsr.:13,4

Zutaten:
Sesamöl 1 EL / 10g. (empfehlenswert)
Zwiebel weiss 2 Stück / 120g. (ja)
Ingwer frisch 1/2 TL / 2g. (ja)
Thymian getrocknet 1/2 TL / 1g. (ja)
Cumin (Kreuzkümmel) 1/2 TL / 2g. (ja)
Linsen rot 1 Tasse / 120g. (ja)
Wakame 3 cm / 1g. (ja)
Zitrone 1/2 Stück / 20g. (ja)
Bocksdornfrüchte (Fructus Lycii) getrocknet 2 Prisen / 2g. (ja)
Zucker Ursüße (Zuckerrohr) süß 1 Prise / 1g. (wenig)
Chili (Schote oder gemahlen) 1 Prise / 0,5g. (ja)
Salz 1 Prise / 1g. (wenig)
Essig (Apfelessig) 1/2 TL / 1g. (ja)
Tomate 1 Stück / 50g. (empfehlenswert)
Mangold 200 g / 200g. (ja)
Blumenkohl (Karfiol) 200 g / 200g. (empfehlenswert)
Salz 1 Prise / 1g. (wenig)
Reis Vollkorn 1/2 Tasse / 60g. (empfehlenswert)
Wasser 3 Tassen / 300g. (ja)
Salz 1 Prise / 1g. (wenig)

Kochanleitung:
Sesamöl in einem Topf erhitzen. Kleingeschnittene Zwiebeln,
geriebenen Ingwer, getrockneten Thymian und reichlich Cumin
zugeben und leicht anbraten. Geschälte rote Linsen, einen Streifen
Wakame, etwas Zitronensaft, heißes Wasser und etwas getrocknete
Bocksdornfrüchte dazugeben. 20 Min. köcheln lassen, bis die Linsen
gar sind. Heißes Wasser nach Belieben nachgießen, so dass ein Brei
entsteht. Vollrohrzucker, etwas Chili und Salz zufügen und mit Essig
oder Zitronensaft abschmecken. Kleingeschnittene Tomate dazugeben
und einige Minuten durchziehen lassen. Den Blumenkohl in einem
kleinen Topf mit 1 Tasse Wasser und etwas Salz 10 Min. weich kochen.
Den Mangold in einem kleinen Topf mit 1 Tasse Wasser und Salz 3
Min. blanchieren. Reis kurz aufkochen, salzen und 10 Min. ziehen
lassen. Alles zusammen mit dem Linsengericht anrichten.

3.13 Fein gewürzte Zucchini mit Tomaten

Harntreibend, fördert Verdauung, hilft Fett zu verdauen, senkt Blutdruck, löst Stagnation, antioxidativ, erwärmt den Körper von innen, erweitert die Gefäße.

Anzahl Portionen: 4
Kalorien p. Portion 203
Gramm p. Portion 396,5
Kochdauer ca. 10 Min.
Allergene:
(Kohlehydrat:71,84% / Eiweiß & Fett:28,16%)
100g.≈ Eiweiß 5,39g. Fett:6,62g.
µg. - Ph:10,4 Na:0,79 Ka:35,33 Mg:6,3 Ca:5,58 Fe:0,26 Zn:0,02 Col.:0 Hsr.:5,53

Zutaten:

Olivenöl 1 EL / 20g. (ja)
Zwiebel weiss 2 Stück / 120g. (ja)
Zucchini 4 Stück / 800g. (empfehlenswert)
Oregano getrocknet 1 Prise / 1g. (ja)
Basilikum (frisch) 6-8 Blatt / 3g. (ja)
Salz 1 Prise / 1g. (wenig)
Tomate 2 Stück / 120g. (empfehlenswert)
Reis Vollkorn 1 Tasse / 120g. (empfehlenswert)
Wasser 6 Tassen / 400g. (ja)
Salz 1 Prise / 1g. (wenig)

Kochanleitung:

Fein geschnittene Zwiebeln und klein geschnittene Zucchini in Olivenöl in einer Pfanne anbraten, bis sie halb gar sind und reichlich getrockneten Oregano dazugeben. Salzen und klein geschnittene Tomaten einige Minuten mitdünsten, bis die Zucchini gar, aber noch knackig sind. Mit frischem Basilikum anrichten. Variante: Über die Tomaten etwas Schafskäse geben und mit geschlossenem Deckel zu Ende garen. Den Reis im gesalzenen Wasser aufsetzen, aufkochen lassen und bei kleiner Hitze ca. 15 Min. quellen lassen.

3.14 Fenchel-Kartoffel-Auflauf

Lindert Entzündungen, verbessert Durchblutung, verbessert Verdauung, harntreibend, senkt Cholesterinspiegel. Gut bei Appetitlosigkeit, Blähungen, Darmentzündungen, Sodbrennen. Stärkt Magensaftproduktion.

Anzahl Portionen: 2
Kalorien p. Portion 147
Gramm p. Portion   230,5
Kochdauer ca.   1 1/2 Stunden
Allergene: CGL
(Kohlehydrat:68% / Eiweiß & Fett:32%)
100g.≈ Eiweiß 5,72g. Fett:5,42g.
µg. - Ph:15 Na:12,98 Ka:80,91 Mg:13,52 Ca:40,41 Fe:0,41 Zn:0,09 Col.:7,81 Hsr.:3,64

Zutaten:
Fenchel 200 g. / 200g. (empfehlenswert)
Kartoffel 125 g. / 125g. (ja)
Grundrezept für eine Gemüsebrühe nahrhaft 100 ml. / 100g. (ja)
Butter Bio 1 TL / 3g. (ja)
Reismehl 2 TL / 6g. (ja)
Sahne sauer 10% 1 TL / 3g. (ja)
Salz 1 Prise / 1g. (wenig)
Zucker Ursüße (Zuckerrohr) süß 1 Prise / 1g. (wenig)
Huhn Eigelb 1 Stück / 10g. (wenig)
Pfeffer Cayenne 1 Prise / 0,5g. (ja)
Muskatnuss 1 Prise / 0,5g. (ja)
Petersilie 1 TL / 2g. (ja)
Lauchzwiebel Schnittlauch 1 TL / 3g. (ja)
Parmesan 1 TL / 3g. (ja)
Butter Bio 1 TL / 3g. (ja)

Kochanleitung:
Kartoffeln in der Schale kochen, abkühlen lassen und dann schälen.
Fenchel waschen, Stiele abschneiden und evtl. äußere Blätter
entfernen. Fenchelgrün zurückhalten und später mit den anderen
Kräutern zur Soße geben. Fenchelknollen ca. 15-20 Min. dünsten.
Danach Kartoffeln und Fenchel in Scheiben schneiden und
schichtweise in eine gefettete Auflaufform geben. Flüssigkeit aus
Fenchelbrühe zum Kochen bringen und mit Mehl binden. Mit Meersalz,
Cayennepfeffer, Zucker, Muskat und saurer Sahne abschmecken.
Abkühlen lassen und mit Eigelb legieren. Die Soße über den Auflauf
verteilen, mit Parmesan, fein gehackter Petersilie und Schnittlauch
bestreuen. Alles 30 Min. bei ca. 200 Grad im Backofen überbacken.

3.15 Frühlingssalat

Blutbildend, blutreinigend, harntreibend, entgiftend. Senkt Blutdruck, lindert Entzündungen. Gut bei Magenbeschwerden, Verdauungsschwäche, Verstopfung, Durchfall. Hilft Fett zu verdauen.

Anzahl Portionen: 4
Kalorien p. Portion 162
Gramm p. Portion 210,25
Kochdauer ca. 10 Min.
Allergene: AEMN
(Kohlehydrat:67% / Eiweiß & Fett:33%)
100g.≈ Eiweiß 7,68g. Fett:3,57g.
µg. - Ph:3,64 Na:5,07 Ka:20,01 Mg:1,77 Ca:5,24 Fe:0,18 Zn:0,03 Col.:0 Hsr.:2

Zutaten:
Sauerampfer 150 g. / 150g. (ja)
Löwenzahn (junger) 100 g. / 100g. (ja)
Mungbohnensprossen 75 g. / 75g. (ja)
Kresse 100 g. / 100g. (ja)
Lauchzwiebel Schnittlauch 1 Bund / 50g. (ja)
Tomate 2 Stück / 100g. (empfehlenswert)
Petersilie 1 Bund / 50g. (ja)
Sesam Paste (Tahini) 2 EL / 16g. (ja)
Sojasauce 1 Schuss / 3g. (ja)
Senf 1/2 TL / 2g. (ja)
Weißbrot (Weizenbrot) 6 Scheiben / 120g. (wenig)

Kochanleitung:
Alle Salatzutaten waschen, mischen und die Soße folgendermaßen zubereiten: Tahin mit Senf, Balsamico-Essig, Tamari, Olivenöl, Schnittlauch und der Hälfte der Petersilie mischen. Die Soße über den Salat gießen und unmittelbar vor dem Servieren die restliche Petersilie drüberstreuen. Mit dem Weißbrot servieren.

3.16 Frühstück - Reis mit Früchten

Gut bei Durchblutungsstörungen, Thrombose, Emboliegefahr, Bluthochdruck, Kopfschmerzen, fördert Blutaufbau, fördert Verdauung, lindert Entzündungen.

Anzahl Portionen: 3
Kalorien p. Portion 230
Gramm p. Portion 282
Kochdauer ca. 10 min. - 3 Stunden
Allergene: GHO
(Kohlehydrat:90% / Eiweiß & Fett:10%)
100g.≈ Eiweiß 3,59g. Fett:7,61g.
µg. - Ph:3,19 Na:0,7 Ka:8,57 Mg:20,72 Ca:21,22 Fe:0,05 Zn:0,02 Col.:0,54 Hsr.:0,92

Zutaten:

Grundrezept für eine Reissuppe (Congee) 6 Tassen / 500g. (ja)
Kuhmilch (Vollmilch 3,5 % Fett) 1/2 bis 1 Tasse / 80g. (ja)
Honig 1 EL / 10g. (ja)
Butter Bio 1 EL / 15g. (ja)
Datteln getrocknet 1 EL / 15g. (ja)
Feige 1 EL / 15g. (ja)
Apfel (sauer) 1 Stück / 200g. (empfehlenswert)
Haselnüsse 1/2 EL / 5g. (ja)
Mandeln 1/2 EL / 5g. (ja)
Zimtpulver 1 Prise / 1g. (ja)

Kochanleitung:

Reis-Congee nach Grundrezept kochen oder vorgekocht verwenden.
Mit der Milch flüssiger machen und mit Honig süßen. Früchte und
Nüsse in Butter anbraten und mit der fertigen Reissuppe vermischen.
Datteln, Feigen und den Apfel kleingeschnitten zufügen.

3.17 Gelbe Linsensuppe

Stärkt Milz, Herz und Nieren, harntreibend, beruhigt den Magen, fördert
Verdauung, stärkt Immunsystem, beugt Krebs vor, reduziert
Strahlenverletzungen, regt Leberfunktion an, antioxidativ.

Anzahl Portionen: 7
Kalorien p. Portion 155
Gramm p. Portion 324
Kochdauer ca. 20 min.
Allergene: A
(Kohlehydrat:73% / Eiweiß & Fett:27%)
100g.≈ Eiweiß 7,59g. Fett:1,91g.
µg. - Ph:0,84 Na:1,47 Ka:3,19 Mg:0,35 Ca:0,64 Fe:0,02 Zn:0,01 Col.:0 Hsr.:1,11

Zutaten:

Linsen gelb 1/2 Kg. / 500g. (ja)
Karotte (Mohrrübe, Möhre) 2 Stück / 150g. (empfehlenswert)
Kohlrabi 1 Stück / 300g. (empfehlenswert)
Zwiebel weiss 1 Stück / 50g. (ja)
Petersilie 1/2 Bund / 100g. (ja)
Kurkuma (Gelbwurz) 1 Prise / 1g. (ja)
Kardamom 1 Prise / 1g. (ja)
Salz 1 Prise / 1g. (wenig)
Olivenöl 1 EL / 10g. (ja)
Wasser 1 Liter / 1000g. (ja)
Zitrone Saft 1/2 Stück / 15g. (ja)
Weißbrot (Weizenbrot) 7 Scheiben / 140g. (wenig)

Kochanleitung:

Linsen gründlich in einem Sieb waschen. In einem Topf Öl erhitzen, fein geschnittene Zwiebel, in Scheiben geschnittene Karotten, in Würfel geschnittenen Kohlrabi und Gewürze kurz darin anbraten und salzen. Linsen dazugeben und mit Wasser bedeckt 20 Min. köcheln lassen. Nach Bedarf mit Wasser ergänzen und mit Salz abschmecken. Mit frischer Petersilie oder frischem grünen Koriander bestreuen und mit Zitronensaft beträufeln. Hier kann man auch rote Linsen verwenden (gleiche Kochzeit). Mit Weißbrot servieren.

3.18 Gemüse-Grieß-Suppe

Harntreibend, harmonisiert Magen und Darm, senkt Blutdruck, regt Verdauung an, reduziert Schmerzen, senkt Cholesterinspiegel, entgiftet. Gut bei Appetitlosigkeit, Blähungen, Darmentzündungen, Sodbrennen, Zwölffingerdarmgeschwüren.

Anzahl Portionen: 3
Kalorien p. Portion 199
Gramm p. Portion 459,67
Kochdauer ca. 20 Min.
Allergene: AEGL
(Kohlehydrat:78,84% / Eiweiß & Fett:21,16%)
100g.≈ Eiweiß 6,38g. Fett:7,03g.
µg. - Ph:12,79 Na:13,89 Ka:69,81 Mg:18,98 Ca:66,25 Fe:0,28 Zn:0,04 Col.:0,39 Hsr.:8,64

Zutaten:

Grundrezept für eine Gemüsebrühe nahrhaft 1/2 Liter / 500g. (ja)
Kartoffel 1 Stück / 80g. (ja)
Pastinake 1 Stück / 180g. (ja)
Karotte (Mohrrübe, Möhre) 1 Stück / 120g. (empfehlenswert)
Sellerie Knolle 150 g. / 150g. (empfehlenswert)
Kohlrabi 1/2 Stück / 200g. (empfehlenswert)
Bohnen (grün, frisch) 10 dag. / 100g. (empfehlenswert)
Weizen Gries 2 EL / 24g. (ja)
Liebstöckel 1/2 TL / 2g. (ja)
Butter Bio 1 EL / 20g. (ja)
Sojasauce 1 TL / 3g. (ja)

Kochanleitung:

Vorbereitete Gemüsebrühe erhitzen und buntes Gemüse darin weich kochen. Etwas Weizengrieß einstreuen und quellen lassen. Am Schluss reichlich Liebstöckelgrün und etwas Butter unterrühren und mit Sojasoße abschmecken.

3.19 Gemüse-Miso-Suppe mit Tofu

Sehr kräftigend, stärkt nach fiebriger Erkrankung, senkt Blutdruck, stärkt Immunsystem, beugt Krebs vor, reduziert Strahlenverletzungen, fördert Durchblutung, stärkt Magen, Leber und Nieren, entgiftet, stärkt Muskeln, lindert Blähungen.

Anzahl Portionen: 4
Kalorien p. Portion 107
Gramm p. Portion 247,75
Kochdauer ca. 15 Min.
Allergene: EN
(Kohlehydrat:22,33% / Eiweiß & Fett:77,67%)
100g.≈ Eiweiß 1,86g. Fett:9,4g.
µg. - Ph:3,93 Na:13,88 Ka:10,98 Mg:1,98 Ca:4,08 Fe:0,07 Zn:0,01 Col.:0 Hsr.:1,45

Zutaten:
Sesamöl 2 EL / 35g. (empfehlenswert)
Zwiebel Schalotte 1 Stück / 20g. (ja)
Karotte (Mohrrübe, Möhre) 1 Stück / 70g. (empfehlenswert)
Lauch (Porree) 5 cm / 10g. (ja)
Wasser 3/4 Liter / 750g. (ja)
Endiviensalat 2 EL / 30g. (ja)
Soja Tofu 2 EL / 30g. (ja)
Ingwer frisch 1/2 TL / 1g. (ja)
Miso 2 EL / 15g. (ja)

Kochanleitung:
In Sesamöl erst Zwiebeln, dann Karotten sowie den Lauch anbraten und mit Wasser aufgießen und leise köcheln lassen. Sojasprossen und Endivienblätter zugeben und ziehen lassen. Tofuwürfel und etwas Ingwer zugeben und zum Schluss in etwas abgekühltem Kochwasser gelöstes Miso einrühren.

3.20 Gemüsenudeln mit Tomatensugo

Schont die Verdauungsorgane, entgiftet. Gut bei Appetitlosigkeit, Blähungen, Darmentzündung, Fettsucht, Gicht, Magengeschwür, Magenkrämpfen, Rheuma, Sodbrennen, Zwölffingerdarmgeschwür. Fördert Verdauung, hilft Fett zu verdauen.

Anzahl Portionen: 2
Kalorien p. Portion 562
Gramm p. Portion 281,1
Kochdauer ca. 45 Min.
Allergene: ACG
(Kohlehydrat:69,56% / Eiweiß & Fett:30,44%)
100g.≈ Eiweiß 14,06g. Fett:21,69g.
µg. - Ph:42,24 Na:6,41 Ka:89,19 Mg:16,12 Ca:13,53 Fe:0,61 Zn:0,2 Col.:8,37 Hsr.:36,02

Zutaten:
Tomate 125 g. / 125g. (empfehlenswert)
Karotte (Mohrrübe, Möhre) 1 Stück / 80g. (empfehlenswert)
Zucchini 1 Stück / 80g. (empfehlenswert)
Olivenöl 1 EL / 15g. (ja)
Zwiebel Schalotte 1 Stück / 20g. (ja)
Oregano getrocknet 1 Prise / 1g. (ja)
Salz 1 Prise / 1g. (wenig)
Pfeffer gemahlen 1 Prise / 0,2g. ()
Nudeln (Weizen) mit Ei 200 g. / 200g. (ja)
Olivenöl 1 EL / 10g. (ja)
Creme fraîche 2 EL / 30g. (ja)

Kochanleitung:
Tomaten in wenig Wasser kochen, beim Abgießen den Saft auffangen und die Tomaten in Stücke schneiden. Zucchini und Karotte grob raspeln. Olivenöl in einem beschichteten Topf erhitzen und Schalotten darin sehr weich dünsten. Tomaten zugeben, mit Oregano, Salz und Pfeffer würzen und zu einer dicken Soße einköcheln lassen. Reichlich Salzwasser zum Kochen bringen und die Nudeln darin bissfest kochen. In der Zwischenzeit das Olivenöl in einer beschichteten Pfanne erhitzen, die Karottenraspel darin unter Rühren anbraten und leicht salzen. Zucchiniraspel zugeben und ebenfalls unter Rühren kurz anbraten. Das Gemüse soll noch Biss haben. Nudeln abgießen, abtropfen lassen, mit Crème fraîche vermischen und abschmecken mit Salz und Pfeffer. Mit der Tomatensoße garnieren.

3.21 Gemüsereis

Stärkt Magen, löst Stagnation, fördert Gewichtsabnahme, stärkt Nieren und Blase, harntreibend, erwärmt den Körper von innen, reguliert Innenorganfunktionen. Gut bei Abwehrschwäche, Appetitlosigkeit, Blähungen und Bluthochdruck.

Anzahl Portionen: 3
Kalorien p. Portion 304
Gramm p. Portion 274,73
Kochdauer ca. 30 Min.
Allergene: L
(Kohlehydrat:87,6% / Eiweiß & Fett:12,4%)
100g.≈ Eiweiß 8,1g. Fett:3,41g.
µg. - Ph:35,4 Na:5,75 Ka:46,63 Mg:34,07 Ca:82,12 Fe:0,49 Zn:0,07 Col.:0 Hsr.:15,52

Zutaten:
Brokkoli 50 g. / 50g. (empfehlenswert)
Karotte (Mohrrübe, Möhre) 50 g. / 50g. (empfehlenswert)
Kohlrabi 50 g. / 50g. (empfehlenswert)
Blumenkohl (Karfiol) 30 g. / 30g. (empfehlenswert)
Erbsen 20 g. / 20g. (ja)
Margarine 1 TL / 4g. (ja)
Reis Vollkorn 200 g / 200g. (empfehlenswert)
Grundrezept für eine Gemüsebrühe nahrhaft 400 g. / 400g. (ja)
Petersilie 20 g. / 20g. (ja)
Pfeffer gemahlen 1 Prise / 0,2g. ()

Kochanleitung:
Brokkoli, Karotten und Kohlrabi in kleine Würfel schneiden und den
Blumenkohl in kleine Röschen zerteilen. Die Margarine in einer Pfanne
oder einem Topf erhitzen und das Gemüse darin andünsten.
Anschließend den Reis zufügen, mit der Gemüsebrühe auffüllen und
15-20 Min. ausquellen lassen. In der Zwischenzeit die Petersilie fein
hacken. Nach Garzeitende den Reis mit frisch gemahlenem Pfeffer und
Petersilie abschmecken.

3.22 Gemüsesaft

Fördert Verdauung, hilft Fett zu verdauen, harntreibend, senkt
Blutdruck, bakterizid, stärkt Magen und Immunsystem, wirkt anregend.
Anzahl Portionen: 1
Kalorien p. Portion 64
Gramm p. Portion   225
Kochdauer ca.   15 Min.
Allergene: L
(Kohlehydrat:82,23% / Eiweiß & Fett:17,77%)
100g.≈ Eiweiß 2,47g. Fett:0,44g.
µg. - Ph:33,92 Na:30,92 Ka:205,63 Mg:13,57 Ca:34,59 Fe:1,18 Zn:0,33 Col.:0 Hsr.:19,76

Zutaten:
Sellerie Knolle 20 g. / 20g. (empfehlenswert)
Karotte (Mohrrübe, Möhre) 100 g. / 100g. (empfehlenswert)
Tomate 100 g. / 100g. (empfehlenswert)
Knoblauch 1 Stück / 2g. (ja)
Salz 1 TL / 2g. (wenig)
Acerola Fruchtnektar oder Pulver 1/2 TL / 1g. (ja)

Kochanleitung:
Alle Zutaten schälen, mit dem Entsafter zu einem Getränk verarbeiten
und Acerola unterrühren.

3.23 Geröstete Hirse mit Stangensellerie

Stärkt Milz und Nieren, harntreibend, stoffwechselfördernd.
Anzahl Portionen: 2
Kalorien p. Portion 400
Gramm p. Portion   228
Kochdauer ca.   30 min
Allergene: L
(Kohlehydrat:82,09% / Eiweiß & Fett:17,91%)
100g.≈ Eiweiß 7g. Fett:2,59g.
µg. - Ph:44,42 Na:8,59 Ka:31,27 Mg:23,88 Ca:11,01 Fe:1,24 Zn:0,24 Col.:0 Hsr.:12,62

Zutaten:
Hirse 1 Tasse / 120g. (ja)
Wasser 2 Tassen / 240g. (ja)
Sellerie Stangensellerie 2 Stangen / 50g. (empfehlenswert)
Kräuter verschiedene 1 EL / 10g. (ja)
Wasser 2 EL / 30g. (ja)
Salz 1 Prise / 1g. (wenig)
Salbei 3-4 Blätter / 2g. (ja)
Kresse 1 TL / 3g. (ja)

Kochanleitung:
Hirse kurz anrösten, mit Wasser übergießen, kurz aufkochen und 20
Min. quellen lassen. Stangensellerie klein schneiden, mit Wasser, Salz
und frischen Kräutern 10 Min. kochen und zu der Hirse geben. Frischen
Salbei oder Kresse kleingehackt darüberstreuen.

3.24 Gerstenbratlinge

Verbessert Verdauung, senkt Cholesterinspiegel. Gut bei Durchfall,
Geschwüren, Gliederschmerzen und Magenproblemen. Stärkt Milz,
Leber und Immunsystem, senkt Blutdruck, bakterizid, beugt Krebs vor,
reduziert Strahlenverletzungen.
Anzahl Portionen: 3
Kalorien p. Portion 398
Gramm p. Portion   292,67
Kochdauer ca.   1 1/2 Stunden
Allergene: ACN
(Kohlehydrat:63% / Eiweiß & Fett:37%)
100g.≈ Eiweiß 8,38g. Fett:19,69g.
µg. - Ph:7,07 Na:4,18 Ka:17,24 Mg:2,02 Ca:2,5 Fe:0,08 Zn:0,04 Col.:2,76 Hsr.:2,93

Zutaten:

Wasser 2 Tassen / 250g. (ja)
Gerstengrütze 1 Tasse / 120g. (ja)
Kartoffel 1 Stück / 140g. (ja)
Karotte (Mohrrübe, Möhre) 1 Stück / 120g. (empfehlenswert)
Champignon 2-3 Stück / 25g. (ja)
Huhn Ei 1 Stück / 55g. (ja)
Zwiebel weiss 1 Stück / 50g. (ja)
Ingwer frisch 1/2 TL / 1g. (ja)
Pfeffer gemahlen 1 Prise / 0,5g. ()
Salz 1 Prise / 1g. (wenig)
Zitrone 1/2 Stück / 15g. (ja)
Petersilie 2 EL / 15g. (ja)
Paprika (Rosenpaprikapulver) 1 Prise / 1g. (ja)
Sesamöl 2-3 EL / 50g. (empfehlenswert)
Brötchen (Semmel) 1 Stück / 35g. (wenig)

Kochanleitung:

Vorbereitung: 2 große Tassen heißes Wasser in einen Topf geben, 1 große Tasse Thermo-Gerstengrütze dazugeben und 2 Min. unter Rühren köcheln lassen. Dann 20 Min. auf der ausgeschalteten Herdplatte quellen lassen, herunternehmen und abkühlen lassen. Eine große Kartoffel kleinschneiden und in Wasser kochen. Brötchen in heißem Wasser einweichen und dann gut ausdrücken. Danach die Gerstengrütze, die zerdrückte Kartoffel und das Brötchen vermengen und folgendes zufügen: 1 geraspelte Karotte, 2-3 kleingehackte Champignons, 1 Ei, 1 fein gehackte Zwiebel, ½ TL geriebenen Ingwer, je eine Prise Salz und Pfeffer, etwas Zitronensaft, gehackte Petersilie und reichlich Rosenpaprika. Alles gut durchkneten und Bratlinge formen. In einer heißen Pfanne Sesamöl erhitzen und die Bratlinge etwa 15 Min. bei schwacher Hitze ausbacken. Nach der Hälfte der Zeit wenden. Dazu passt: Blattsalat, Sojasprossengemüse.

3.25 Gerstenbrei mit Pflaumen

Stärkt Milz und Magen, kühlt Blase, harntreibend, befeuchtet Darm, entspannt, reduziert innere Hitze.

Anzahl Portionen: 5
Kalorien p. Portion 106
Gramm p. Portion 289,6
Kochdauer ca. 25 Min.
Allergene: AG
(Kohlehydrat:81% / Eiweiß & Fett:19%)
100g.≈ Eiweiß 3,15g. Fett:1,57g.
µg. - Ph:1,2 Na:0,1 Ka:2,2 Mg:0,44 Ca:0,34 Fe:0,01 Zn:0,01 Col.:0,04 Hsr.:0,42

Zutaten:
Wasser 10 Tassen / 1200g. (ja)
Gerste 1 Tasse / 120g. (ja)
Pflaume 1 Tasse / 120g. (empfehlenswert)
Butter Bio 2 TL / 6g. (ja)
Zucker Ursüße (Zuckerrohr) süß 1/2 TL / 2g. (wenig)

Kochanleitung:
Die Gerste zu grobem Schrot mahlen und trocken anrösten. Heißes
Wasser aufgießen und bei wenig Hitze zu einem Brei quellen lassen.
Am Ende Pflaumen, etwas Butter und Süßmittel zugeben. Variante:
Wenn es morgens schnell gehen soll, kann man an Stelle von Schrot
Gerstenflocken verwenden.

3.26 Gersten-Gemüse-Suppe

Nährt Blut, harntreibend, entgiftet, stärkt Milz und Leber, senkt
Blutdruck, bakterizid, stärkt Immunsystem, fördert Verdauung, hilft Fett
zu verdauen, harmonisiert Stoffwechsel.

Anzahl Portionen: 3
Kalorien p. Portion 281
Gramm p. Portion 304
Kochdauer ca. 2 Stunden
Allergene: AGL
(Kohlehydrat:73% / Eiweiß & Fett:27%)
100g.≈ Eiweiß 11,93g. Fett:5,74g.
µg. - Ph:9,75 Na:1,36 Ka:21,85 Mg:3,27 Ca:3,09 Fe:0,14 Zn:0,08 Col.:0,09 Hsr.:9,52

Zutaten:
Gerste 1 Tasse / 120g. (ja)
Shiitake, getrocknet 4 g. / 4g. (ja)
Zwiebel Schalotte 1 Stück / 20g. (ja)
Cumin (Kreuzkümmel) 1 Messerspitze / 0,5g. (ja)
Sonnenblumenöl 1 EL / 10g. (ja)
Wasser 300 ml / 250g. (ja)
Sellerie Stangensellerie 2 Äste / 20g. (empfehlenswert)
Erbse, grün 250 g. / 250g. (ja)
Tomate 1 Stück / 50g. (empfehlenswert)
Karotte (Mohrrübe, Möhre) 2 Stück / 150g. (empfehlenswert)
Stangenbohnen (Fisolen) 1 Handvoll / 30g. (ja)
Salz 1 Prise / 1g. (wenig)
Pfeffer gemahlen 1 Prise / 0,5g. ()
Petersilie 1 TL / 3g. (ja)
Butter Bio 1 TL / 3g. (ja)

Kochanleitung:
Gerste am Abend einweichen. Am nächsten Tag die Pilze separat einweichen. Zwiebel und Cumin in Öl bräunen, dann mit Wasser aufkochen. Das kleingeschnittene Gemüse, etwas Salz, die Gerste und die Shiitakepilze hinzufügen und alles zu einer dicken Suppe weich kochen. Am Ende mit Pfeffer, Petersilie und etwas Butter abschmecken.

3.27 Getreidekaffee mit Kardamom

Harntreibend, stärkt Magen, befeuchtet Darm, befeuchtet die Haut, entspannt, vermindert Fettgewebe.
Anzahl Portionen: 1
Kalorien p. Portion 4
Gramm p. Portion 136
Kochdauer ca. 5 Min.
Allergene:
(Kohlehydrat:98,58% / Eiweiß & Fett:1,42%)
100g.≈ Eiweiß 0,12g. Fett:0,08g.
µg. - Ph:1,29 Na:1,02 Ka:7,9 Mg:2,49 Ca:5,37 Fe:0,08 Zn:0,09 Col.:0 Hsr.:0

Zutaten:
Getreidekaffee 1 EL / 15g. (ja)
Kardamom 2 Kerne / 1g. (ja)
Wasser 1 Tasse / 120g. (ja)

Kochanleitung:
Wasser, Kaffee, Zucker und Kardamom aufkochen und setzen lassen.

3.28 Grapefruitsaft

Fördert Verdauung, senkt Blutzucker, trocknet aus, liefert Vitamin C.
Anzahl Portionen: 1
Kalorien p. Portion 108
Gramm p. Portion 250
Kochdauer ca. 5 Min.
Allergene:
(Kohlehydrat:92,45% / Eiweiß & Fett:7,55%)
100g.≈ Eiweiß 1,5g. Fett:0,5g.
µg. - Ph:17 Na:2 Ka:180 Mg:10 Ca:18 Fe:0,3 Zn:0,2 Col.:0 Hsr.:15

Zutaten:
Grapefruit/Pampelmuse/Pomelo 1 Glas / 250g. (ja)

Kochanleitung:
Frische Grapefruit entsaften oder Biosaft verwenden.

3.29 Grießbrei mit Banane

Reguliert Magen-Darm-Funktion, befeuchtet Darm, entzündungshemmend, antiallergisch, kreislaufstabilisierend, kühlt innere Hitze, gut bei Durchblutungsstörungen.

Anzahl Portionen: 1
Kalorien p. Portion 307
Gramm p. Portion 284
Kochdauer ca. 15 Min.
Allergene: AG
(Kohlehydrat:66,17% / Eiweiß & Fett:33,83%)
100g.≈ Eiweiß 10,58g. Fett:10,73g.
µg. - Ph:116,7 Na:93,56 Ka:218,89 Mg:28,56 Ca:92,08 Fe:0,64 Zn:0,36 Col.:7,61 Hsr.:12,85

Zutaten:
Kuhmilch (Vollmilch 3,5 % Fett) 200 ml / 200g. (ja)
Dinkel Gries 3 EL / 30g. (ja)
Butter Bio 1 TL / 4g. (ja)
Banane 1/2 Stück / 50g. (ja)

Kochanleitung:
Die Hälfte der Milch in einem kleinen Topf erhitzen, Grieß zufügen und aufkochen. Bei schwacher Hitze unter ständigem Rühren 3 Min. ausquellen lassen. Den Topf vom Herd nehmen, nach und nach die übrige Milch mit dem Schneebesen unterschlagen und den Brei in ein Schälchen geben. Die Butter und die zermuste Banane zufügen. Für Erwachsene kann eine Prise Zimt darübergestreut werden.

3.30 Grießklößchensuppe

Senkt Blutdruck, bakterizid, stärkt Immunsystem, fördert Gewichtsabnahme. Gut bei Abwehrschwäche, Appetitlosigkeit, Blähungen, Bluthochdruck, Depressionen, Diabetes, Durchfall.

Anzahl Portionen: 3
Kalorien p. Portion 287
Gramm p. Portion 235,67
Kochdauer ca. 60 Min.
Allergene: ACGLO
(Kohlehydrat:74% / Eiweiß & Fett:26%)
100g.≈ Eiweiß 12,68g. Fett:16,24g.
µg. - Ph:7,29 Na:3,79 Ka:6,29 Mg:7,72 Ca:17,64 Fe:0,11 Zn:0,11 Col.:5,65 Hsr.:2,66

Zutaten:
Butter Bio 40 g. / 40g. (ja)
Huhn Ei 1 Stück / 65g. (ja)
Salz 1 Prise / 1g. (wenig)

Pfeffer gemahlen 1 Prise / 0,5g. ()
Muskatnuss 1 Prise / 1g. (ja)
Weizen Gries 80 g. / 80g. (ja)
Grundrezept für eine Rinderbrühe wärmend 1/2 Liter / 500g. (ja)
Petersilie 1 EL / 10g. (ja)
Lauchzwiebel Schnittlauch 1 EL / 10g. (ja)

Kochanleitung:

Die Zutaten für die Grießklößchen zu einem festen Teig kneten und 30 Min. quellen lassen. Die Brühe erhitzen. Dann mit einem Löffel Klößchen ausstechen, in die Brühe geben und ca. 20 Min. ziehen lassen. Vor dem Servieren gehackte Petersilie und in feine Röllchen geschnittenen Schnittlauch einstreuen.

3.31 Grießsuppe mit Gemüse

Senkt Blutdruck, stärkt Immunsystem, beugt Krebs vor, stärkt Magen, löst Stagnation, fördert Gewichtsabnahme. Gut bei Abwehrschwäche, Appetitlosigkeit, Blähungen, Bluthochdruck, Depressionen, Diabetes, Durchfall, Rheuma, Sodbrennen, Zwölffingerdarmgeschwür.

Anzahl Portionen: 3
Kalorien p. Portion 106
Gramm p. Portion 237,7
Kochdauer ca. 20 Min.
Allergene: AGL
(Kohlehydrat:85,32% / Eiweiß & Fett:14,68%)
100g.≈ Eiweiß 2,38g. Fett:4,25g.
µg. - Ph:8,65 Na:9,11 Ka:25,61 Mg:28,49 Ca:112,45 Fe:0,33 Zn:0,03 Col.:0 Hsr.:5,1

Zutaten:

Grundrezept für eine Gemüsebrühe nahrhaft 1/2 Liter / 500g. (ja)
Weizen Gries 2 EL / 20g. (ja)
Liebstöckel 1/2 TL / 2g. (ja)
Basilikum (frisch) 1/2 TL / 1g. (ja)
Muskatnuss 1 Prise / 0,1g. (ja)
Karotte (Mohrrübe, Möhre) 100 g. / 100g. (empfehlenswert)
Sellerie Knolle 50 g. / 50g. (empfehlenswert)
Sahne, süß 30% 3 EL / 30g. (wenig)
Petersilie 1 EL / 10g. (ja)

Kochanleitung:

Grieß ohne Fett in einer Pfanne anrösten. Kleingeschnittene Karotten und Sellerie kurz mitrösten. Mit der Gemüsesuppe aufgießen, mit Liebstöckel und Muskatnuss würzen und 10 Min. köcheln lassen. Vor dem Servieren die Sahne einrühren und mit Petersilie garnieren.

3.32 Grundrezept für eine Fischbrühe

Kräftigt Nieren, harntreibend, senkt Blutdruck, bakterizid, stärkt Immunsystem, beugt Krebs vor, reduziert Strahlenverletzungen, fördert Durchblutung, ist cholesterinarm, eiweißreich und regt Appetit an.

Anzahl Portionen: 5
Kalorien p. Portion 128
Gramm p. Portion 243,8
Kochdauer ca. 40 min.
Allergene: DLO
(Kohlehydrat:33,81% / Eiweiß & Fett:66,19%)
100g.≈ Eiweiß 9,81g. Fett:5,2g.
µg. - Ph:14,91 Na:7,09 Ka:31,5 Mg:2,39 Ca:4,63 Fe:0,11 Zn:0,02 Col.:0,01 Hsr.:11,94

Zutaten:

Fischstücke gemischt (Süßwasser) 300 g. / 300g. (wenig)
Sellerie Knolle 120 g. / 120g. (empfehlenswert)
Lauch (Porree) 5 cm / 10g. (ja)
Karotte (Mohrrübe, Möhre) 2 Stück / 150g. (empfehlenswert)
Weißwein 1/8 Liter / 125g. (wenig)
Zitrone 1/2 Stück / 50g. (ja)
Lorbeerblatt 2 Blätter / 2g. (ja)
Pfeffer Körner 3 Stück / 2g. (ja)
Olivenöl 1 EL / 10g. (ja)
Wasser 1/2 Liter / 450g. (ja)

Kochanleitung:

Kleingeschnittenen Sellerie, Karotten und Lauch in Olivenöl andünsten, Lorbeerblatt und Pfefferkörner zugeben, Fischstücke zufügen und kurz mitdünsten. Mit Wasser ablöschen, wenig Weißwein oder Zitrone zugeben und 30 Min. leise köcheln lassen. Mehrmals den entstehenden Schaum abschöpfen. Am Ende die Zutaten durch ein Sieb abseihen.

3.33 Grundrezept für eine Hühnerbrühe (wärmend)

Stärkt Blut, baut Milz und Magen auf, stärkt Knochenmark, senkt Blutdruck, bakterizid, stärkt Immunsystem, beugt Krebs vor, reduziert Strahlenverletzungen, fördert Schwitzen, löst Stagnation. Gut bei Appetitlosigkeit und Blähungen.

Anzahl Portionen: 9
Kalorien p. Portion 90
Gramm p. Portion 244,89
Kochdauer ca. 2-3 Stunden
Allergene: L
(Kohlehydrat:10,44% / Eiweiß & Fett:89,56%)
100g.≈ Eiweiß 15,69g. Fett:11,57g.
µg. - Ph:7,72 Na:5,27 Ka:16,86 Mg:1,2 Ca:3,41 Fe:0,1 Zn:0 Col.:0,25 Hsr.:8,27

Zutaten:
Huhn Fleisch 1/2 Stück / 600g. (ja)
Karotte (Mohrrübe, Möhre) 2 Stück / 150g. (empfehlenswert)
Lauch (Porree) 1 Stange / 45g. (ja)
Sellerie Knolle 1 Stück / 500g. (empfehlenswert)
Ingwer frisch 2 Scheiben / 2g. (ja)
Bockshornklee 1 TL / 2g. (ja)
Wacholderbeere 1 TL / 3g. (empfehlenswert)
Lorbeerblatt 3 Stück / 2g. (ja)
Wasser 1 Liter / 900g. (ja)

Kochanleitung:
Hühnerteile von Fett befreien, in einen Topf mit heißem Wasser geben,
kurz aufkochen lassen und entstehenden Schaum abschöpfen. Grob
geschnittenes Gemüse und alle Gewürze zugeben und 2-3 Std. bei
mittlerer Hitze kochen, dann alles abseihen. Tipp: Wenn Sie das Fleisch
als Suppeneinlage verwenden möchten, bereits nach 45 Min.
herausnehmen und nur die Knochen in der Suppe lassen.

3.34 Grundrezept für eine nahrhafte Gemüsebrühe

Senkt Blutdruck und Blutfett, bakterizid, stärkt Immunsystem, beugt
Krebs vor, stärkt Magen, löst Stagnation, fördert Gewichtsabnahme,
hilft bei Appetitlosigkeit, Blähungen, Bluthochdruck, Depressionen,
Diabetes, Durchfall.
Anzahl Portionen: 5
Kalorien p. Portion 48
Gramm p. Portion 240,6
Kochdauer ca. 2-3 Stunden
Allergene: L
(Kohlehydrat:71,3% / Eiweiß & Fett:28,7%)
100g.≈ Eiweiß 1,57g. Fett:1,31g.
µg. - Ph:4,86 Na:3,67 Ka:25,68 Mg:1,8 Ca:6,32 Fe:0,1 Zn:0,01 Col.:0 Hsr.:2,78

Zutaten:
Olivenöl 1 EL / 4g. (ja)
Zwiebel weiss 1 Stück / 60g. (ja)
Karotte (Mohrrübe, Möhre) 3 Stück / 200g. (empfehlenswert)
Pastinake 150 g. / 150g. (ja)
Sellerie Knolle 1 Tasse / 100g. (empfehlenswert)
Ingwer frisch 1/2 TL / 2g. (ja)
Zitrone 1/2 Stück / 25g. (ja)
Wacholderbeere 6 Stück / 6g. (empfehlenswert)
Thymian getrocknet 1 Prise / 1g. (ja)

Liebstöckel 1 EL / 3g. (ja)
Lorbeerblatt 2 Blätter / 1g. (ja)
Salz 1 Prise / 1g. (wenig)
Wasser 3/4 Liter / 650g. (ja)

Kochanleitung:
Gemüse würfelig schneiden. Öl in einem Topf erhitzen, die Zwiebel und das Gemüse darin anbraten, Ingwer und Lorbeer zugeben. Mit kaltem Wasser aufgießen, Zitronensaft zufügen und mit Wacholder, Thymian und Liebstöckel würzen. 2-3 Std. auf kleiner Stufe zugedeckt köcheln lassen. Brühe durch ein Sieb streichen und im Kühlschrank aufbewahren. Sie dient als Suppengrundlage und verfeinert Gemüse, Hülsenfrüchte oder Getreide.

3.35 Grundrezept für eine Reissuppe (Congee)

Niedriger Fettgehalt, zur Entwässerung des Körpers bei Übergewicht und Bluthochdruck.

Anzahl Portionen: 3
Kalorien p. Portion 140
Gramm p. Portion 273,33
Kochdauer ca. 2-4 Stunden
Allergene:
(Kohlehydrat:89,71% / Eiweiß & Fett:10,29%)
100g.≈ Eiweiß 2,96g. Fett:0,48g.
µg. - Ph:5,85 Na:0,58 Ka:5,02 Mg:3,41 Ca:1,72 Fe:0,03 Zn:0,02 Col.:0 Hsr.:6,34

Zutaten:
Reis Sorte beliebig 1 Tasse / 120g. (ja)
Wasser 6 Tassen / 700g. (ja)

Kochanleitung:
Man kocht Reis und Wasser in einem Verhältnis von etwa 1:6. Die Menge des Wassers bestimmt die Dicke des Breis (reine Geschmackssache). Der Reis quillt unwahrscheinlich auf, nehmen Sie also nicht viel. Geben Sie den Reis in einen Topf mit einem schweren Deckel. Wichtig ist, den Reis nach kurzem Aufkochen nur auf kleinster Stufe köcheln zu lassen, da er sonst anbrennt. Kochen Sie den Reis 2-4 Stunden. Je länger er kocht, desto stärkender wirkt er. Wenn Sie das Gericht zum Frühstück essen möchten, können Sie den Reis auch kurz vor dem Zubettgehen aufsetzen. Sicherheitshalber sollten Sie vorher einmal unter Beobachtung für eine ähnlich lange Zeit das Verhalten Ihres Topfes und Herdes prüfen, damit nichts anbrennt.

3.36 Grundrezept für eine Rinderbrühe (klar)

Stärkt Muskeln, Sehnen und Knochen, senkt Blutdruck, bakterizid,
stärkt Immunsystem, beugt Krebs vor, reduziert
 Strahlenverletzungen, regt Verdauung an, reduziert Schmerzen, fördert
Verdauung. Harntreibend, stillt Blutung. Rosmarin fördert Verdauung.

Anzahl Portionen: 10
Kalorien p. Portion 114
Gramm p. Portion   276
Kochdauer ca.   4-8 Stunden
Allergene: O
(Kohlehydrat:22,24% / Eiweiß & Fett:77,76%)
100g.≈ Eiweiß 12,22g. Fett:4,1g.
µg. - Ph:5,14 Na:3,08 Ka:13,39 Mg:1,06 Ca:2,52 Fe:0,09 Zn:0,01 Col.:0,14 Hsr.:3,57

Zutaten:
Rind Suppenfleisch 500 g. / 500g. (ja)
Rind Fleischknochen 200 g. / 200g. (wenig)
Essig (Rotweinessig) 1 Schuss / 3g. (ja)
Wacholderbeere 8 Stück / 6g. (empfehlenswert)
Rosmarin 1 Prise / 1g. (ja)
Karotte (Mohrrübe, Möhre) 3 Stück / 210g. (empfehlenswert)
Pastinake 2 Stück / 300g. (ja)
Lauch (Porree) 1 Stück / 200g. (ja)
Ingwer frisch 1/2 TL / 5g. (ja)
Liebstöckel 1 Stiel / 15g. (ja)
Nelke 2 Stück / 2g. (ja)
Piment 6 Stück / 12g. (ja)
Anis (gemeiner Fenchel) 2 Stück / 1g. (ja)
Salz 1 TL / 5g. (wenig)
Wasser 1 1/2 Liter / 1300g. (ja)

Kochanleitung:
Rotweinessig, Wacholderbeeren, Rosmarin, Knochen und Fleisch in
Wasser zum Kochen bringen. Karotten, Pastinaken, Lauch, Ingwer,
Liebstöckelgrün, Nelken, Piment, Sternanis und etwas Salz zufügen
und alles 4-8 Std. köcheln und dann abseihen. Brühe im Kühlschrank
aufbewahren.

3.37 Gurkensuppe

Kühlt und befeuchtet, harntreibend, entgiftend, unterdrückt
Umwandlung von Zucker in Fett, senkt Cholesterinspiegel, beugt Krebs
vor, fördert Verdauung, schweißtreibend, reduziert Wind, gegen
Hefepilzinfektionen.

Anzahl Portionen: 4
Kalorien p. Portion   96
Gramm p. Portion   235,38
Kochdauer ca.   20 min.
Allergene: M
(Kohlehydrat:22,18% / Eiweiß & Fett:77,82%)
100g.≈ Eiweiß 0,92g. Fett:9,03g.
µg. - Ph:2,67 Na:1,28 Ka:15,59 Mg:1,17 Ca:2,57 Fe:0,06 Zn:0,01 Col.:0 Hsr.:0,85

Zutaten:
Olivenöl 2 EL / 35g. (ja)
Gurke 2 Stück / 400g. (empfehlenswert)
Wasser 1/2 Liter / 500g. (ja)
Salbei 3 Blätter / 3g. (ja)
Senf 1/2 TL / 0,5g. (ja)
Koriander 1 Prise / 1g. (ja)
Kardamom 1 Prise / 1g. (ja)
Salz 1 Prise / 1g. (wenig)

Kochanleitung:
Öl erhitzen und die klein geschnittenen Gurken kurz darin anbraten.
Senfkörner, Koriander, Kardamom und Salz dazugeben
und kurz mitbraten. Mit dem Wasser übergießen und 10-15 Min.
köcheln lassen. Pürieren und mit frisch gehacktem Salbei garnieren.

3.38 Hafer-Congee

Stärkt Abwehrkraft, unterstützt Wehen.

Anzahl Portionen: 3
Kalorien p. Portion   162
Gramm p. Portion   275
Kochdauer ca.   2-4 Stunden
Allergene: A
(Kohlehydrat:73,58% / Eiweiß & Fett:26,42%)
100g.≈ Eiweiß 7,04g. Fett:2,88g.
µg. - Ph:17,27 Na:0,69 Ka:17,93 Mg:6,8 Ca:5,45 Fe:0,3 Zn:0,09 Col.:0 Hsr:7,53

Zutaten:
Hafer 1 Tasse / 125g. (ja)
Wasser 6 Tassen / 700g. (ja)

Kochanleitung:

Hafer und Wasser in einem Verhältnis von etwa 1:6 kochen. Die Menge des Wassers bestimmt die Dicke des Breis (reine Geschmackssache). Der Hafer quillt auf, nehmen Sie also nicht zu viel. Geben Sie den Hafer in einen Topf mit guter Isolierung und schwerem Deckel. Wichtig ist, den Hafer nach kurzem Aufkochen nur noch auf kleinster Flamme köcheln zu lassen, da er sonst anbrennt. Kochen Sie den Hafer 2-4 Stunden. Je länger er gekocht hat, desto stärkender wirkt er.

3.39 Haferflocken mit aromatischen Gewürzen

Stoppt Durchfall, fördert Verdauung, Appetit anregend, harmonisiert Magen, lindert Durchfall, stärkt Abwehrkraft, wirkt entgiftend und stimuliert das Immunsystem. Alginsäure kann zur Entgiftung des Darmes beitragen.

Anzahl Portionen: 3
Kalorien p. Portion 281
Gramm p. Portion 208
Kochdauer ca. 25 min.
Allergene: AH
(Kohlehydrat:69,06% / Eiweiß & Fett:30,94%)
100g.≈ Eiweiß 6,74g. Fett:10,73g.
µg. - Ph:33,91 Na:2,34 Ka:51,76 Mg:12,79 Ca:8,03 Fe:0,44 Zn:0,11 Col.:0 Hsr.:12,35

Zutaten:

Hafer Flocken (Vollkorn) 1 Tasse / 125g. (empfehlenswert)
Walnüsse 1 EL / 15g. (empfehlenswert)
Haselnüsse 1 EL / 15g. (ja)
Wasser 2 Tassen / 240g. (ja)
Wakame 2 cm. / 2g. (ja)
Apfel (süß) 1 Stück / 220g. (empfehlenswert)
Kardamom 3-4 Kapseln / 2g. (ja)
Zitronenmelisse (frisch) 3-4 Blätter / 3g. (ja)
Acerola Fruchtnektar oder Pulver 1 TL / 2g. (ja)

Kochanleitung:

Haferflocken und Nüsse rösten und mit heißem Wasser aufgießen. Kardamom und Wakame 20 Min. darin kochen. Geriebenen Apfel, Acerola und Zitronenmelisse zugeben.

3.40 Heidelbeermus

Heidelbeeren wirken abführend, Nelken lösen Stagnation, Zimtpulver erwärmt Magen und Milz. Baut Blut auf, fördert Durchblutung und Leitbahnfluss.

Anzahl Portionen: 1
Kalorien p. Portion 11
Gramm p. Portion 271,1
Kochdauer ca. 10 Min.
Allergene:
(Kohlehydrat:78,35% / Eiweiß & Fett:21,65%)
100g.≈ Eiweiß 0,2g. Fett:0,32g.
µg. - Ph:0,98 Na:1,01 Ka:5,56 Mg:1,09 Ca:6 Fe:0,06 Zn:0,1 Col.:0 Hsr.:1,48

Zutaten:
Heidelbeere 20 g. / 20g. (ja)
Zimtpulver 1 Prise / 0,1g. (ja)
Nelke 1 Stück / 1g. (ja)
Wasser 1/4 Liter / 250g. (ja)

Kochanleitung:
Heidelbeeren mit Zimt und Nelke im Wasser 10 Min. kochen. Zimt und Nelke entfernen, pürieren und nach Wunsch süßen.

3.41 Hühnersuppe mit Eigelb und Petersilie

Stärkt Blut, Knochenmark, Immunsystem und Sehkraft, baut Milz und Magen auf, senkt Blutdruck, bakterizid, harmonisiert Leber und Milz, entgiftet. Petersilie regt Leberfunktion an.

Anzahl Portionen: 2
Kalorien p. Portion 118
Gramm p. Portion 260
Kochdauer ca. 10 Min.
Allergene: CL
(Kohlehydrat:82,37% / Eiweiß & Fett:17,63%)
100g.≈ Eiweiß 16,35g. Fett:2,49g.
µg. - Ph:13,95 Na:17,66 Ka:18 Mg:49,59 Ca:138,8 Fe:0,55 Zn:0,05 Col.:6,53 Hsr.:4,43

Zutaten:
Grundrezept für eine Hühnerbrühe wärmend 1/2 Liter / 500g. (ja)
Huhn Eigelb 1 Stück / 10g. (wenig)
Petersilie 1 EL / 10g. (ja)

Kochanleitung:
Brühe erhitzen und das Eigelb darin verquirlen. Die gehackte Petersilie drüberstreuen und ca. 2 Min. ziehen lassen und dann in kleinen Schlucken trinken.

3.42 Hüttenkäse mit gedünstetem Obst

Gut bei Appetitlosigkeit, Schluckstörungen, schwacher Verdauung, harntreibend.

Anzahl Portionen: 2
Kalorien p. Portion 215
Gramm p. Portion 250
Kochdauer ca. 20 Min.
Allergene: G
(Kohlehydrat:40,48% / Eiweiß & Fett:59,52%)
100g.≈ Eiweiß 18,45g. Fett:6,4g.
µg. - Ph:44,6 Na:114,5 Ka:50,9 Mg:3,7 Ca:25,6 Fe:0,11 Zn:0,09 Col.:0,64 Hsr.:3

Zutaten:
Hüttenkäse 300 g. / 300g. (ja)
Apfel (sauer) 1 Stück / 100g. (empfehlenswert)
Birne 1 Stück / 100g. (empfehlenswert)

Kochanleitung:
Äpfel und Birnen gut waschen, mit Schale klein schneiden und in einem Topf mit Dämpfsieb bissfest garen. Herausnehmen und auskühlen lassen. Hüttenkäse anrichten und Obst darauf verteilen.

3.43 Joghurt mit Honig und Nüssen

Lindert Schmerzen, entgiftet, bakterizid, fördert Wundheilung. Gut bei akuter oder chronischer Verstopfung des Darmes. Löst Steine.

Anzahl Portionen: 1
Kalorien p. Portion 258
Gramm p. Portion 167
Kochdauer ca. 5 Min.
Allergene: GH
(Kohlehydrat:61% / Eiweiß & Fett:39%)
100g.≈ Eiweiß 6,79g. Fett:12,43g.
µg. - Ph:107,54 Na:38,83 Ka:167,29 Mg:19,4 Ca:104,46 Fe:0,49 Zn:0,54 Col.:10,48 Hsr.:2,16

Zutaten:
Joghurt (natur, 3,5 % Fett) 125 g. / 125g. (ja)
Honig 2 EL / 30g. (ja)
Walnüsse 1 EL / 12g. (empfehlenswert)

Kochanleitung:
Joghurt mit Honig und feingehackten Nüssen mischen.

3.44 Kalte Kirschsuppe mit Quarkklößchen

Fördert die Durchblutung, lindert Entzündungen, abführend, stärkende Wirkung auf die Verdauung, reinigt und beruhigt den Darm. Gut bei Körperschwäche, Magendruck, Aufstoßen, Diabetes, akute oder chronische Verstopfung.

Anzahl Portionen: 2
Kalorien p. Portion 320
Gramm p. Portion 314,5
Kochdauer ca. 2 Stunden
Allergene: GO
(Kohlehydrat:69,75% / Eiweiß & Fett:30,25%)
100g.≈ Eiweiß 7,98g. Fett:15,19g.
µg. - Ph:24,08 Na:6,18 Ka:60,77 Mg:5,2 Ca:21,84 Fe:0,17 Zn:0,05 Col.:1,47 Hsr.:4,76

Zutaten:
Kirschenkompott 450 g. / 450g. (ja)
Agar-Agar, Agartang 1/2 TL / 1,5g. (ja)
Topfen (Quark) 20% 100 g. / 100g. (empfehlenswert)
Sauerrahm 15% Fett 50 g. / 50g. (ja)
Vanillezucker natur 1 Paket / 1g. (ja)
Zucker braun 1 EL / 10g. (wenig)
Zimtpulver 1 Prise / 0,5g. (ja)
Zitrone Schale 1 Prise / 1g. (ja)
Wasser 2 EL / 15g. (ja)

Kochanleitung:
Kirschkompott abseihen. Die Hälfte der Kirschen und den Kirschsaft mit dem Mixer fein pürieren und durch ein Sieb streichen. Das Agar-Agar-Pulver mit 2 EL kalten Wasser glatt rühren und das Kirschpüree unter Rühren zum Kochen bringen. Agar-Agar-Lösung untermischen und das Kirschpüree 1 Min. unter Rühren leicht kochen lassen. Heißes Kirschpüree auf zwei Suppenteller verteilen und die restlichen Kirschen in die Suppe geben. Kirschsuppe 2 Std. kalt stellen, bis sie leicht geliert. Mit dem Handmixer Quark, Sauerrahm, Zucker, Vanillezucker, Zimt und Zitronenschale zu einer glatten, festen Creme rühren. Aus der Creme mit dem Esslöffel kleine Klößchen stechen und in die Kirschsuppe setzen.

3.45 Karotten- Reisschleimsuppe

Gegen Durchfall, bei Fieber, bakterizid, stärkt Immunsystem, senkt Blutdruck.

Anzahl Portionen: 1
Kalorien p. Portion   101
Gramm p. Portion   224
Kochdauer ca.   10 Min.
Allergene:
(Kohlehydrat:96% / Eiweiß & Fett:4%)
100g.≈ Eiweiß 2,37g. Fett:0,4g.
µg. - Ph:27,48 Na:20,34 Ka:65,63 Mg:170,89 Ca:178,57 Fe:1,03 Zn:0,34 Col.:0 Hsr.:12,3

Zutaten:
Grundrezept für eine Reissuppe (Congee) 1 Tasse / 120g. (ja)
Karotte (Mohrrübe, Möhre) 2 Stück / 100g. (empfehlenswert)
Salz 1 TL / 4g. (wenig)

Kochanleitung:
Karotten schälen und reiben. Die Reissuppe aufkochen und die geriebenen Karotten sowie Salz zufügen. 10 Min. kochen.

3.46 Karotten-Hirse-Auflauf mit Apfelkompott

Stärkt Milz und Leber, senkt Blutdruck, bakterizid, stärkt Immunsystem, beugt Krebs vor, reduziert Strahlenverletzungen, beruhigt Nerven und Magen, harntreibend. Gut bei chronischer Verstopfung.

Anzahl Portionen: 7
Kalorien p. Portion   349
Gramm p. Portion   347,86
Kochdauer ca.   1 Stunde
Allergene: CGH
(Kohlehydrat:64% / Eiweiß & Fett:36%)
100g.≈ Eiweiß 12,54g. Fett:12,54g.
µg. - Ph:1,79 Na:0,66 Ka:2,7 Mg:0,54 Ca:1,07 Fe:0,03 Zn:0,01 Col.:0,83 Hsr.:0,28

Zutaten:
Hirse 200 g / 200g. (ja)
Kuhmilch (Vollmilch 3,5 % Fett) 500 ml / 450g. (ja)
Zitrone Schale 1/2 Stück / 2g. (ja)
Zucker braun 2 EL / 20g. (wenig)
Karotte (Mohrrübe, Möhre) 400 g. / 400g. (empfehlenswert)
Ingwer frisch 2 TL / 6g. (ja)
Acerola Fruchtnektar oder Pulver 1 TL / 2g. (ja)
Mandelmus 50 g. / 50g. (ja)
Huhn Ei 4 Stück / 240g. (ja)
Joghurt (natur, 1,5 % Fett) 150 g. / 150g. (empfehlenswert)

Butter Bio 1 TL / 4g. (ja)
Apfel (sauer) 4 Stück / 600g. (empfehlenswert)
Wasser 300 ml. / 300g. (ja)
Nelke 2 Stück / 1g. (ja)
Zucker braun 1 EL / 10g. (wenig)

Kochanleitung:

Backofen auf 100 Grad (Umluft 8o Grad, Gas Stufe 2) vorheizen. Die
Hirse mit Milch, Zitronenschale und Zucker zum Kochen bringen.
Zugedeckt 5 Min. leicht köcheln lassen und dann zugedeckt im
vorgeheizten Ofen 20 Min. ausquellen lassen. Ofen auf mittlere Hitze
schalten. Äpfel schälen und in kleine Stücke schneiden und mit Wasser,
Nelken und Zucker etwa 5 Min. kochen. In einer Schüssel die Hirse mit
den geriebenen Karotten, dem feingehackten Ingwer und Acerola
vermischen. Mandelmus (oder Butter) mit dem Handrührgerät
verrühren. Eigelb dazugeben und alles zu einer glatten Creme rühren.
Sauerrahm, Hirse und Karotten untermischen. Eiweiß sehr steif
schlagen und unter die Hirsemasse heben. Eine Auflaufform mit Butter
ausstreichen, die Hirsemasse einfüllen und im vorgeheizten Ofen bei
milder Hitze 45 Min. backen. Mit dem Apfelkompott servieren.

3.47 Karotten-Kartoffel-Rucola Brötchen

Lindert Entzündungen, verbessert Verdauung, harntreibend, senkt
Cholesterinspiegel, stärkt Immunsystem, beugt Krebs vor, löst
Verstopfung (ballaststoffreich), löst Stagnation.

Anzahl Portionen: 4
Kalorien p. Portion 94
Gramm p. Portion   116,25
Kochdauer ca.   20 Min.
Allergene: AG
(Kohlehydrat:55% / Eiweiß & Fett:45%)
100g.≈ Eiweiß 2,68g. Fett:2,83g.
µg. - Ph:4,15 Na:4,56 Ka:16,7 Mg:1,23 Ca:1,78 Fe:0,06 Zn:0,03 Col.:0,25 Hsr.:1,27

Zutaten:

Kartoffel (mehlige) 200 g / 200g. (ja)
Karotte (Mohrrübe, Möhre) 1 Stück / 50g. (empfehlenswert)
Sauerrahm 15% Fett 3 EL / 45g. (ja)
Zwiebel Frühlingszwiebel 1 Stück / 20g. (ja)
Rucola Rauke 1/2 Bund / 100g. ()
Zitrone Schale 1/4 TL / 1g. (ja)
Salz 1 Prise / 1g. (wenig)
Pfeffer gemahlen 1 Prise / 0,2g. ()
Vollkornbrot 8 Scheiben / 48g. (empfehlenswert)

Kochanleitung:

Kartoffeln in der Schale weich kochen, abziehen und durch die Kartoffelpresse drücken. Gemüsebrühe nach Grundrezept kochen und eine Karotte nach kurzer Garzeit herausnehmen und mit der Gabel fein zerdrücken. Kartoffeln, Karotten, abgeriebene Zitronenschale und Sauerrahm zu einer glatten Creme verrühren. Karotten-Kartoffel-Creme mit fein geschnittenem Rucola verrühren. Den Aufstrich mit Salz und Pfeffer abschmecken und die Brote bestreichen. Mit den fein geschnittenen Jungzwiebeln bestreuen.

3.48 Karotten-Risotto

Stärkt Immunsystem, beugt Krebs vor, löst Stagnation, regt Leberfunktion an. Gut bei Appetitlosigkeit, Blähungen, Bluthochdruck, Depressionen, Diabetes, Durchfall.

Anzahl Portionen: 2
Kalorien p. Portion 308
Gramm p. Portion 340,8
Kochdauer ca. 45 Min.
Allergene: GL
(Kohlehydrat:83,67% / Eiweiß & Fett:16,33%)
100g.≈ Eiweiß 8,5g. Fett:5,99g.
µg. - Ph:27,11 Na:19,13 Ka:58,22 Mg:32,31 Ca:116,16 Fe:0,67 Zn:0,11 Col.:0,3 Hsr.:14,66

Zutaten:

Olivenöl 1/2 EL / 5g. (ja)
Zwiebel Frühlingszwiebel 2 EL / 7g. (ja)
Muskatnuss 1 Prise / 0,3g. (ja)
Petersilie 1/2 Bund / 25g. (ja)
Reis Sorte beliebig 100 g. / 100g. (ja)
Karotte (Mohrrübe, Möhre) 250 g. / 250g. (empfehlenswert)
Grundrezept für eine Gemüsebrühe nahrhaft 300 ml. / 280g. (ja)
Fenchelsamen gemahlen 1/4 TL / 1g. (ja)
Basilikum (frisch) 1/2 TL / 2g. (ja)
Salz 1 Prise / 1g. (wenig)
Pfeffer gemahlen 1 Prise / 0,3g. ()
Parmesan 1 EL / 10g. (ja)

Kochanleitung:

In einer flachen Pfanne das Öl erhitzen, die Zwiebeln darin glasig und sehr weich dünsten. Petersilie zugeben und kurz andünsten. Reis, Karotten und Muskat zufügen und unter Rühren kurz andünsten. Mit der Gemüsebrühe aufgießen, mit Fenchel und Basilikum würzen, alles zum

Kochen bringen und ca. 20 Min. kochen, bis Reis und Karotten gut durch sind. Dabei ab und zu umrühren und bei Bedarf etwas Gemüsebrühe nachgießen. Das Risotto soll leicht suppig sein. Kurz vor Ende der Garzeit den Weißwein untermischen und das Risotto noch kurz aufköcheln lassen, dann vom Herd nehmen und Parmesan untermischen.

3.49 Kartoffel-Basilikumsuppe

Lindert Entzündungen, fördert Verdauung, harntreibend, senkt Cholesterinspiegel und Blutdruck, bakterizid, stärkt Immunsystem, beugt Krebs vor, reduziert Strahlenverletzungen, antioxidativ, löst Stagnation.

Anzahl Portionen: 4
Kalorien p. Portion 96
Gramm p. Portion 330,12
Kochdauer ca. 25 min.
Allergene: L
(Kohlehydrat:68,68% / Eiweiß & Fett:31,32%)
100g.≈ Eiweiß 3,24g. Fett:2,99g.
µg. - Ph:7,65 Na:13,39 Ka:52,12 Mg:2,43 Ca:11,65 Fe:0,11 Zn:0,01 Col.:0 Hsr.:7,59

Zutaten:
Wasser 500 ml / 450g. (ja)
Kartoffel 4 Stück / 200g. (ja)
Karotte (Mohrrübe, Möhre) 2 Stück / 100g. (empfehlenswert)
Sellerie Knolle 1 Stück / 500g. (empfehlenswert)
Pfeffer gemahlen 1 Prise / 0,5g. ()
Kümmel 1 Prise / 1g. (ja)
Knoblauch 1 Zehe / 3g. (ja)
Salz 1 Prise / 1g. (wenig)
Zitrone 1 TL / 3g. (ja)
Basilikum (frisch) 1 Bund / 50g. (ja)
Paprika (Rosenpaprikapulver) 1 Prise / 1g. (ja)
Zucker Ursüße (Zuckerrohr) süß 1 Prise / 1g. (wenig)
Olivenöl 1 EL / 10g. (ja)

Kochanleitung:
4 mittelgroße Kartoffeln, 2 mittelgroße Karotten und 1 Stück Knollensellerie geschält und kleingeschnitten in heißes Wasser geben und zusammen mit einer Prise Pfeffer und Salz, einer Prise gemahlenem Kümmel, einer kleinen zerdrückten Knoblauchzehe und 1 TL Zitronensaft köcheln, bis das Gemüse weich ist. Von 1 Bund Basilikum (fein gehackt) eine Hälfte in die Suppe geben und alles pürieren. Die andere Hälfte anschließend unterrühren und mit

Rosenpaprika, einer Prise Vollrohrzucker, 1 EL Olivenöl oder Butter, frisch gemahlenem Pfeffer und Salz abschmecken.

3.50 Kartoffelcreme mit Kräuter-Frischkäse

Gut bei Appetitlosigkeit, Schluckstörungen, Verstopfung, Blähungen und Übelkeit. Verbessert Verdauung, harntreibend, beugt Krebs vor, stärkt Magensaftproduktion, löst Stagnation, entkrampft und beruhigt.
Anzahl Portionen: 2
Kalorien p. Portion 217
Gramm p. Portion 218,5
Kochdauer ca. 25 Min.
Allergene: G
(Kohlehydrat:14% / Eiweiß & Fett:86%)
100g.≈ Eiweiß 8,76g. Fett:11,22g.
µg. - Ph:18,66 Na:18,04 Ka:73,64 Mg:4,87 Ca:13,9 Fe:0,13 Zn:0,09 Col.:4,84 Hsr.:2,24

Zutaten:
Kartoffel (mehlige) 250 g. / 250g. (ja)
Frischkäse 80 g. / 80g. (ja)
Joghurt (natur, 1,5 % Fett) 3 EL / 45g. (empfehlenswert)
Lauchzwiebel Schnittlauch 1/2 Bund / 50g. (ja)
Basilikum (frisch) 1 TL / 4g. (ja)
Petersilie 1 TL / 4g. (ja)
Dill 1/2 TL / 2g. (ja)
Salz 1 Prise / 1g. (wenig)
Schwarzkümmel 1 Prise / 0,5g. (ja)
Pfeffer gemahlen 1 Prise / 0,5g. ()

Kochanleitung:
Kartoffeln in der Schale weich kochen, abziehen und durch die Kartoffelpresse drücken. Frischkäse, Joghurt und Kräuter unter die Kartoffeln mischen und mit Salz, zerstoßenem Schwarzkümmel und Pfeffer abschmecken.

3.51 Kartoffel-Gnocchi mit Gemüse und Basilikumsoße

Stärkt Immunsystem, fördert Gewichtsabnahme, entkrampft, beruhigt. Gut bei Abwehrschwäche, Appetitlosigkeit, Blähungen, Bluthochdruck.
Anzahl Portionen: 4
Kalorien p. Portion 166
Gramm p. Portion 290,25
Kochdauer ca. 1 Stunde
Allergene: ACGL
(Kohlehydrat:75% / Eiweiß & Fett:25%)
100g.≈ Eiweiß 6,54g. Fett:4,63g.
µg. - Ph:3,26 Na:1,11 Ka:13,57 Mg:2,45 Ca:9,39 Fe:0,06 Zn:0,02 Col.:1,36 Hsr.:1,49

Zutaten:

Kartoffel 250 g. / 250g. (ja)
Weizen Mehl 25 g. / 25g. (ja)
Weizen Gries 15 g. / 15g. (ja)
Huhn Eigelb 1 Stück / 20g. (wenig)
Muskatnuss 1 Prise / 0,2g. (ja)
Grundrezept für eine Gemüsebrühe nahrhaft 250 ml. / 250g. (ja)
Sellerie Knolle 50 g. / 50g. (empfehlenswert)
Zitrone Schale 1/2 TL / 2g. (ja)
Ingwer frisch 1/2 TL / 2g. (ja)
Muskatnuss 1 Prise / 0,2g. (ja)
Basilikum (frisch) 1 Bund / 125g. (ja)
Creme fraiche 1 EL / 20g. (ja)
Salz 1 Prise / 1g. (wenig)
Pfeffer gemahlen 1 Prise / 0,2g. ()
Karotte (Mohrrübe, Möhre) 100 g. / 100g. (empfehlenswert)
Zucchini 100 g. / 100g. (empfehlenswert)
Blumenkohl (Karfiol) 100 g. / 100g. (empfehlenswert)
Brokkoli 100 g. / 100g. (empfehlenswert)
Salz 1 Prise / 1g. (wenig)

Kochanleitung:

Kartoffeln in der Schale weich dämpfen, abziehen und heiß durch die Kartoffelpresse drücken. Die heißen Kartoffeln mit Mehl, Grieß, Ei, Muskat und Salz zu einem glatten Teig verarbeiten. Teig 3o Min. ruhen lassen. Aus dem Teig mit mehlbestäubten Händen kleine Röllchen (2 cm) formen und davon 1 cm dünne Scheibchen abschneiden. Damit die typische Gnocchiform entsteht, die Teigscheibchen mit dem Daumen etwas eindellen. Gnocchi in leicht kochendem Salzwasser 6-8 Min. ziehen lassen und mit dem Schaumlöffel aus dem Topf heben. Gemüsebrühe zum Kochen bringen. Würfelig geschnittenen Sellerie, geriebene Zitronenschale, feingehackten Ingwer und eine gute Prise Muskat zufügen. Zugedeckt ca. 10 Min. köcheln lassen und alles zusammen mit gehacktem Basilikum und der Crème fraîche mit dem Mixstab zu einer glatten Soße pürieren. Mit Salz und Muskat abschmecken. Karotten, Zucchini, Blumenkohl und Brokkoli kleinschneiden und zugedeckt in einem Siebeinsatz über Wasserdampf in 8 Min. bissfest garen. Soße nochmals erhitzen, zum Gemüse geben und über den Gnocchi anrichten.

3.52 Kartoffeln mit Quark-Soße

Verbessert Verdauung, harntreibend, senkt Cholesterinspiegel. Gut bei Körperschwäche, Magendruck, Aufstoßen, Diabetes, akute oder chronische Verstopfung des Darmes, Hautproblemen, gegen Blähungen, krampflösend bei Magen-Darm-Beschwerden.

Anzahl Portionen: 6
Kalorien p. Portion 413
Gramm p. Portion 323,33
Kochdauer ca. 45 Min.
Allergene: G
(Kohlehydrat:38% / Eiweiß & Fett:62%)
100g.≈ Eiweiß 18,46g. Fett:35,24g.
µg. - Ph:3,26 Na:1,14 Ka:7,47 Mg:0,69 Ca:2,52 Fe:0,01 Zn:0,02 Col.:0,18 Hsr.:0,32

Zutaten:
Kartoffel 1 Kg / 1000g. (ja)
Topfen (Quark) 20% 500 g. / 500g. (empfehlenswert)
Sahne, süß 30% 200 g / 200g. (wenig)
Edamer 80 g. / 80g. (ja)
Dill 1 Bund / 100g. (ja)
Maiskeimöl 1 TL / 3g. (empfehlenswert)
Pfeffer gemahlen 1 Prise / 0,2g. ()
Salz 1/2 TL / 1g. (wenig)
Sonnenblumenkerne 40 g. / 40g. (ja)

Kochanleitung:
Die Kartoffeln waschen und in reichlich Wasser ca. 20 Min. garen. Den Quark mit der Sahne und dem Käse cremig rühren. Die Sprossen waschen und fein hacken. Mit dem gehackten Dill unterrühren (für das Baby 150 g Quark mit dem Öl verrühren). Den Rest mit Pfeffer, Salz und den Sonnenblumenkernen verrühren. Die Kartoffeln schälen, (für das Baby 200 g) und mit dem Quark anrichten.

3.53 Kartoffeltaschen mit Wildkräutern an Tomatensoße

Stärkt Milz, lindert Entzündungen, verbessert Verdauung, löst Stagnation, entschlackend, reinigt die Nieren, unterstützend bei Prostatabeschwerden. Gut bei Appetitlosigkeit, Blähungen, Darmentzündung. Regt Leberfunktion an, harntreibend.

Anzahl Portionen: 5
Kalorien p. Portion 418
Gramm p. Portion 346,14
Kochdauer ca. 45 Min.
Allergene: ACG
(Kohlehydrat:62,47% / Eiweiß & Fett:37,53%)
100g.≈ Eiweiß 16,88g. Fett:16,11g.
µg. - Ph:22,3 Na:7,21 Ka:58,22 Mg:4,83 Ca:20,61 Fe:0,19 Zn:0,03 Col.:0,78 Hsr.:11,88

Zutaten:
Olivenöl 1 EL / 10g. (ja)
Zwiebel weiss 1 Stück / 50g. (ja)
Knoblauch 1 Stück / 2g. (ja)
Tomatenpüre 400 g. / 400g. (ja)
Salz 1 Prise / 1g. (wenig)
Pfeffer gemahlen 1 Prise / 0,5g. ()
Sahne, süß 30% 1 EL / 10g. (wenig)
Kartoffel 650 g. / 650g. (ja)
Weizen Mehl 200 g / 200g. (ja)
Huhn Ei 1 Stück / 60g. (ja)
Salz 1 Prise / 1g. (wenig)
Pfeffer gemahlen 1 Prise / 0,5g. ()
Muskatnuss 1 Prise / 0,2g. (ja)
Brennnessel 50 g. / 50g. (ja)
Löwenzahn (junger) 30 g. / 30g. (ja)
Schafgarbe 30 g. / 30g. (ja)
Kerbel getrocknet 10 g. / 10g. (ja)
Spitzwegerichtee 10 g. / 10g. (ja)
Petersilie 50 g. / 50g. (ja)
Olivenöl 1 EL / 10g. (ja)
Knoblauch 1 Stück / 2g. (ja)
Topfen (Quark) 20% 4 EL / 40g. (empfehlenswert)
Mayonnaise 50% 1 EL / 10g. (wenig)
Salz Kräutersalz 1/2 TL / 2g. (ja)
Schwarzkümmel 1 Prise / 1g. (ja)
Pfeffer gemahlen 1 Prise / 0,5g. ()
Emmentaler 10 dag. / 100g. (ja)

Kochanleitung:
Tomatensoße: Öl erhitzen und in Würfel geschnittene Zwiebel mit dem zerdrückten Knoblauch darin andünsten. Tomatenpüree zu den Zwiebeln geben, 2 Min. unter Rühren eindicken lassen, mit Salz und Pfeffer würzen, die Sahne zufügen und in eine feuerfeste Form füllen.
Kartoffelteig: Festkochende Kartoffeln gar kochen, schälen und durchpressen. In einer Schüssel mit Mehl, Parmesan, Ei und Gewürzen vermengen. Den Teig auf einer leicht bemehlten Arbeitsfläche ausrollen und in 5 cm große Vierecke schneiden.
Kräuterfüllung: Kräuter hacken und mit Öl, Knoblauch, Quark, Mayonnaise, Kräutersalz, zerstoßenem Schwarzkümmel und Pfeffer zu einer cremigen Masse vermischen. Mit einem Löffel jeweils etwas von der Füllung auf die Teigvierecke geben, zu einem Dreieck zusammenklappen, Ränder festdrücken und die Taschen in reichlich Salzwasser gar ziehen lassen, bis sie oben schwimmen. Auf die Tomaten geben, mit dem geriebenen Käse bestreuen und im Ofen goldbraun überbacken.

3.54 Kohlrabi in Kerbelsoße mit Kartoffeln

Lindert Entzündungen, senkt Cholesterinspiegel, harntreibend, leitet Darmwinde ab, stärkt Immunsystem. Gut bei Appetitlosigkeit, Blähungen, Bluthochdruck, Depressionen, Diabetes, Durchfall.
Anzahl Portionen: 4
Kalorien p. Portion 188
Gramm p. Portion 316,85
Kochdauer ca. 1 Stunde
Allergene: GL
(Kohlehydrat:79,34% / Eiweiß & Fett:20,66%)
100g.≈ Eiweiß 8,67g. Fett:2,51g.
µg. - Ph:11,79 Na:4,12 Ka:100,2 Mg:13,9 Ca:60,61 Fe:0,16 Zn:0,02 Col.:0,06 Hsr.:3,63

Zutaten:
Kartoffel 6 Stück / 450g. (ja)
Grundrezept für eine Gemüsebrühe nahrhaft 300 ml. / 300g. (ja)
Kartoffel 100 g. / 100g. (ja)
Muskatnuss 1 Prise / 0,2g. (ja)
Zitrone Schale 1/2 TL / 2g. (ja)
Ingwer frisch 1/2 TL / 2g. (ja)
Liebstöckel 1/2 TL / 2g. (ja)
Kohlrabi 300 g. / 300g. (empfehlenswert)
Salz 1 Prise / 1g. (wenig)
Pfeffer gemahlen 1 Prise / 0,2g. ()
Sauerrahm 15% Fett 3 EL / 30g. (ja)
Kerbel getrocknet 1 Bund / 80g. (ja)

Kochanleitung:
Die 6 Kartoffeln in Salzwasser weich kochen. Die Hälfte der Gemüsebrühe zum Kochen bringen. 100G gewürfelte Kartoffeln, Muskat, Zitronenschale, Ingwer und Liebstöckel dazugeben. Kartoffeln zugedeckt ca. 10 Min. weich kochen und alles mit dem Mixstab zu einer glatten Soße pürieren. Restliche Gemüsebrühe zum Kochen bringen. Kohlrabi in Würfel schneiden, zufügen und zugedeckt ca. 8 Min. kochen. Die Kartoffelsoße unterrühren und alles kurz erhitzen. Mit dem Mixstab Kerbel und Sauerrahm fein pürieren. Die Kerbelcreme mit dem Kohlrabigemüse vermischen und mit den gekochten und geschälten Kartoffeln anrichten.

3.55 Kompott aus Äpfeln

Apfel (süß) stoppt Durchfall, fördert Verdauung, regt Appetit an, harmonisiert Magen, erwärmt Magen und Milz, fördert Durchblutung.
Anzahl Portionen: 2
Kalorien p. Portion 67
Gramm p. Portion 220,5
Kochdauer ca. 10 Min.
Allergene:
(Kohlehydrat:95,64% / Eiweiß & Fett:4,36%)
100g.≈ Eiweiß 0,24g. Fett:0,46g.
µg. - Ph:2,81 Na:1,03 Ka:36,45 Mg:1,81 Ca:4,33 Fe:0,13 Zn:0,03 Col.:0 Hsr.:3,74

Zutaten:
Apfel (süß) 1 Stück / 220g. (empfehlenswert)
Wasser 2 Tassen / 220g. (ja)
Zimtpulver 1 Prise / 1g. (ja)

Kochanleitung:
Bio-Apfel mit Schalen und Kernen klein geschnitten im Wasser weich kochen und mit Zimt bestreuen.

3.56 Kompott aus Rhabarber

Fiebersenkend, schmerzlindernd, entgiftend, bakterizid.
Anzahl Portionen: 1
Kalorien p. Portion 48
Gramm p. Portion 230
Kochdauer ca. 15 Min.
Allergene:
(Kohlehydrat:92,32% / Eiweiß & Fett:7,68%)
100g.≈ Eiweiß 0,64g. Fett:0,1g.
µg. - Ph:11,22 Na:1,7 Ka:119,43 Mg:6,43 Ca:25,43 Fe:0,28 Zn:0,15 Col.:0 Hsr.:2,61

Zutaten:
Rhabarber 100 g. / 100g. (empfehlenswert)
Wasser 1 Tasse / 120g. (ja)
Honig 1 EL / 10g. (ja)

Kochanleitung:
Rhabarber waschen und klein schneiden. Im Wasser weich kochen, ein
wenig abkühlen lassen und den Honig dazugeben.

3.57 Kürbiscurry

Fördert Verdauung und Schwitzen, löst Stagnation, reduziert Wind,
stärkt Lunge und Milz, reduziert Blutzucker, stärkt Magen,
Verdauungssystem, Muskeln und Knochen, ist harntreibend und
entgiftend.
Anzahl Portionen: 3
Kalorien p. Portion 193
Gramm p. Portion   251
Kochdauer ca.   20 Min.
Allergene:
(Kohlehydrat:63% / Eiweiß & Fett:37%)
100g.≈ Eiweiß 2,72g. Fett:10,61g.
µg. - Ph:5,14 Na:0,86 Ka:16,34 Mg:2,68 Ca:2,29 Fe:0,06 Zn:0,02 Col.:0 Hsr.:1,54

Zutaten:
Kürbis 300 g. / 300g. (ja)
Olivenöl 2 EL / 30g. (ja)
Koriander 1 Prise / 1g. (ja)
Pfeffer gemahlen 1 Prise / 0,5g. ()
Curry 1 Prise / 1g. (ja)
Wasser 50 ml / 50g. (ja)
Salz 1 Prise / 1g. (wenig)
Petersilie 1 EL / 7g. (ja)
Kardamom 1 Prise / 1g. (ja)
Kurkuma (Gelbwurz) 1 Prise / 1g. (ja)
Reis Vollkorn 1/2 Tasse / 60g. (empfehlenswert)
Wasser 3 Tassen / 300g. (ja)
Salz 1 Prise / 1g. (wenig)

Kochanleitung:
Olivenöl in einer Pfanne erhitzen, in Würfel geschnittenen Kürbis darin
andünsten, mit Koriander, Pfeffer und Curry würzen und mit wenig
Wasser ablöschen. Meersalz zufügen, klein geschnittene Petersilie
zugeben und mit Kardamom und Kurkuma abrunden. Auf kleinem
Feuer ca. 10 Min. je nach Kürbisart köcheln; er sollte noch bissfest sein.

Den Reis in gesalzenem Wasser aufkochen und auf kleiner Stufe ca. 15 Min. quellen lassen.

3.58 Kürbis-Joghurt-Suppe

Befeuchtet, entspannt, senkt Blutdruck, stärkt Immunsystem, fördert Gewichtsabnahme. Gut bei Abwehrschwäche, Appetitlosigkeit, Blähungen, Depressionen, Diabetes, Durchfall.

Anzahl Portionen: 4
Kalorien p. Portion 68
Gramm p. Portion 239
Kochdauer ca. 15 Min.
Allergene: GL
(Kohlehydrat:82,83% / Eiweiß & Fett:17,17%)
100g.≈ Eiweiß 2,37g. Fett:1,31g.
µg. - Ph:7,17 Na:3,58 Ka:26,41 Mg:11,21 Ca:43,83 Fe:0,07 Zn:0,01 Col.:0,05 Hsr.:1,4

Zutaten:
Grundrezept für eine Gemüsebrühe nahrhaft 300 ml. / 300g. (ja)
Hokkaidokürbis 500 g. / 500g. (ja)
Ingwer frisch 1/2 TL / 2g. (ja)
Fenchelsamen gemahlen 1/2 TL / 1g. (ja)
Anis (gemeiner Fenchel) 1/4 TL / 1g. (ja)
Joghurt (natur, 1,5 % Fett) 150 g. / 150g. (empfehlenswert)
Pfefferminze 2 Blätter / 1g. (ja)
Salz 1 Prise / 1g. (wenig)

Kochanleitung:
Gemüsebrühe (nach Grundrezept) zum Kochen bringen. Gewürfelten Kürbis, kleingehackten Ingwer, zerstoßene Fenchelsamen und Anis dazugeben und Suppe zugedeckt ca. 12 Min. köcheln lassen, bis der Kürbis weich ist und dann vom Herd nehmen. Mit dem Mixstab die Suppe mit dem Joghurt fein pürieren und mit feingehackter Minze bestreut servieren.

3.59 Kürbisklößchen mit Tomaten-Petersiliensoße

Schont die Verdauungsorgane, beruhigt Nerven und Magen, hilft Fett zu verdauen, senkt Blutdruck, regt Leberfunktion an, löst Stagnation. Gut bei Appetitlosigkeit, Blähungen.

Anzahl Portionen: 2
Kalorien p. Portion 381
Gramm p. Portion 277,35
Kochdauer ca. 30 Min.
Allergene: ACG
(Kohlehydrat:60,39% / Eiweiß & Fett:39,61%)
100g.≈ Eiweiß 20,46g. Fett:11,68g.
µg. - Ph:70,84 Na:40,59 Ka:124,45 Mg:12,56 Ca:44,62 Fe:0,87 Zn:0,25 Col.:22,16 Hsr.:24,25

Zutaten:
Hokkaidokürbis 100 g. / 100g. (ja)
Huhn Ei 2 Stück / 120g. (ja)
Weizen Mehl 100-150 g. / 120g. (ja)
Salz 1 Prise / 1g. (wenig)
Pfeffer gemahlen 1 Prise / 0,5g. ()
Muskatnuss 1 Prise / 0,2g. (ja)
Zitrone Schale 1/2 TL / 2g. (ja)
Parmesan 2 EL / 20g. (ja)
Zwiebel Frühlingszwiebel 2 Stück / 40g. (ja)
Tomate 100 g. / 100g. (empfehlenswert)
Petersilie 1/2 Bund / 50g. (ja)
Salz 1 Prise / 1g. (wenig)

Kochanleitung:
Kürbis mit einem scharfen Messer schälen, die Kerne entfernen und das Fruchtfleisch in große Würfel schneiden. Kürbis in Alufolie wickeln und im vorgeheizten Ofen bei 200 Grad 20 Min. backen. Eventuell ausgetretenen Kürbissaft abgießen. Kürbis mit der Gabel fein zerdrücken und mit den Eiern verrühren. So viel Mehl zugeben, bis ein Teig entstanden ist, aus welchem sich Klößchen abstechen lassen. Die Masse mit Zitronenschale, Salz, Pfeffer und Muskat würzen. Mit einem Teelöffel kleine Klößchen abstechen und im kochenden Salzwasser ca. 7 Min. ziehen lassen. In einer Pfanne die Zwiebeln glasig rösten und die Tomatenwürfel, Salz und die gehackte Petersilie kurz mit andünsten. Kürbisklößchen portionsweise mit der Tomaten-Petersilien-Soße anrichten und Parmesan dazu reichen.

3.60 Kürbissuppe

Fördert Verdauung, stärkt Magen und Milz, senkt Blutdruck, bakterizid, stärkt Immunsystem, beugt Krebs vor, reduziert Strahlenverletzungen, regeneriert Haut, senkt Cholesterinspiegel, senkt Blutzucker, schützt Leber.

Anzahl Portionen: 3
Kalorien p. Portion   104
Gramm p. Portion   236,33
Kochdauer ca.   1 Stunde
Allergene:
(Kohlehydrat:71% / Eiweiß & Fett:29%)
100g.≈ Eiweiß 2,54g. Fett:3,64g.
µg. - Ph:4,02 Na:0,96 Ka:24,72 Mg:1,82 Ca:2,89 Fe:0,08 Zn:0,02 Col.:0 Hsr.:1,08

Zutaten:
Kürbis 300 g. / 300g. (ja)
Karotte (Mohrrübe, Möhre) 2 Stück / 100g. (empfehlenswert)
Kartoffel 2 Stück / 120g. (ja)
Olivenöl 1 EL / 10g. (ja)
Zwiebel weiss 1 Stück / 50g. (ja)
Wasser 1 Tasse / 120g. (ja)
Petersilie 1 EL / 7g. (ja)
Anis (gemeiner Fenchel) 1 Prise / 1g. (ja)
Salz 1 Prise / 1g. (wenig)

Kochanleitung:
Olivenöl in einer Pfanne erhitzen. In Würfel geschnittenen Kürbis, gewürfelte Karotten und Kartoffeln dazugeben und kurz anbraten. Klein geschnittene Zwiebel zugeben, mit Wasser auffüllen (Gemüse mindestens drei fingerbreit bedecken), aufkochen und leise köcheln lassen. Mit Meersalz und einer Prise Anis würzen, klein geschnittene Petersilie dazugeben. Alles zusammen ca. 35 Min. köcheln lassen. Anschließend die Suppe pürieren und evtl. Wasser zugeben, je nach Konsistenz.

3.61 Linsen-Kastanien-Suppe mit Curry

Senkt Blutdruck, bakterizid, stärkt Immunsystem, beugt Krebs vor, reduziert Strahlenverletzungen, stärkt Magen, löst Stagnation, fördert Gewichtsabnahme. Gut bei Abwehrschwäche, Appetitlosigkeit, Blähungen, Bluthochdruck, Depressionen, Diabetes, Durchfall

Anzahl Portionen: 4
Kalorien p. Portion 175
Gramm p. Portion 238,25
Kochdauer ca. 45 Min.
Allergene: LO
(Kohlehydrat:83% / Eiweiß & Fett:17%)
100g.≈ Eiweiß 4,17g. Fett:4,33g.
µg. - Ph:2,67 Na:3,8 Ka:7,98 Mg:4,63 Ca:15,86 Fe:0,06 Zn:0,02 Col.:0 Hsr.:2,07

Zutaten:
Linsen rot 150 g. / 150g. (ja)
Kastanien (Maronen) 150 g. / 150g. (ja)
Olivenöl 1 EL / 10g. (ja)
Curry 2 TL / 8g. (ja)
Grundrezept für eine Gemüsebrühe nahrhaft 1/2 Liter / 500g. (ja)
Kurkuma (Gelbwurz) 1 TL / 2g. (ja)
Weißwein 1/8 Liter / 125g. (wenig)
Salz Kräutersalz 1 Prise / 1g. (ja)
Anis (gemeiner Fenchel) 1 Prise / 1g. (ja)
Kardamom 1 Prise / 0,5g. (ja)
Petersilie 2 EL / 6g. (ja)

Kochanleitung:
Olivenöl in eine Pfanne geben, Kastanien darin kurz andünsten, Curry drüberstreuen, Linsen zugeben und mit Gemüsebrühe aufgießen. Ganz wenig Weißwein zugeben, Kurkuma untermischen, aufkochen lassen und rund 20 Min. köcheln lassen, bis die Kastanien weich sind. Anschließend die Suppe pürieren und abschmecken mit einer Prise Anis, Kardamom und Kräutersalz. Am Schluss klein geschnittene Petersilie drüberstreuen.

3.62 Mango-Bananen-Joghurt-Drink eiskalt

Harntreibend, stärkt Magen, beugt Krebs vor, reguliert Magen-Darm-Funktion. Gut bei Appetitlosigkeit, Mundschleimhautentzündung, chronischer Verstopfung.

Anzahl Portionen: 2
Kalorien p. Portion 121
Gramm p. Portion 226
Kochdauer ca. 5 Min.
Allergene: G
(Kohlehydrat:86,93% / Eiweiß & Fett:13,07%)
100g.≈ Eiweiß 2,73g. Fett:1,05g.
µg. - Ph:15,94 Na:7,47 Ka:102,09 Mg:10,74 Ca:22,08 Fe:0,14 Zn:0,04 Col.:0,28 Hsr.:5,73

Zutaten:
Mangosaft 100 ml. / 100g. (ja)
Joghurt (natur, 1,5 % Fett) 100 g. / 100g. (empfehlenswert)
Mineralwasser 100 ml. / 100g. (ja)
Banane 1/2 Stück / 150g. (ja)
Acerola Fruchtnektar oder Pulver 1 TL / 2g. (ja)

Kochanleitung:
Alle Zutaten und 2-3 Eiswürfel im Mixer fein pürieren.

3.63 Marinierter Kabeljau auf Kürbispüree

Lindert Entzündungen, verbessert Verdauung, stärkt Milz, Lunge, Magen und Nieren, harntreibend, reduziert Blutzucker, löst Stagnation. Gut bei Verstopfung und Blähungen.

Anzahl Portionen: 4
Kalorien p. Portion 202
Gramm p. Portion 288,65
Kochdauer ca. 2 Stunden
Allergene: DG
(Kohlehydrat:49,4% / Eiweiß & Fett:50,6%)
100g.≈ Eiweiß 17,24g. Fett:5,13g.
µg. - Ph:21,61 Na:8,06 Ka:68,86 Mg:5,61 Ca:8,42 Fe:0,1 Zn:0,02 Col.:1,02 Hsr.:10,18

Zutaten:
Kartoffel 6 Stück / 400g. (ja)
Kürbis 200 g / 200g. (ja)
Zwiebel weiss 1 Stück / 50g. (ja)
Oregano getrocknet 1/2 TL / 1g. (ja)
Zitrone Saft 1/2 Stück / 15g. (ja)
Salz 1 Prise / 1g. (wenig)
Pfeffer gemahlen 1 Prise / 0,3g. ()
Creme fraîche 2 EL / 30g. (ja)

Joghurt (natur, 1,5 % Fett) 150 g. / 150g. (empfehlenswert)
Oregano getrocknet 1/4 TL / 1g. (ja)
Basilikum (frisch) 1/2 TL / 2g. (ja)
Kabeljau 300 g. / 300g. (ja)
Salz 1 Prise / 1g. (wenig)
Pfeffer gemahlen 1 Prise / 0,3g. ()
Olivenöl 1 TL / 3g. (ja)

Kochanleitung:
Joghurt mit Oregano, Basilikum und Thymian vermischen. Fischfilets
abwaschen, trockentupfen, in eine flache Form legen und mit der
Marinade übergießen. 2 Std. im Kühlschrank durchziehen lassen.
Kartoffeln in Salzwasser weich kochen und schälen. Gewürfelte Zwiebel
in Öl glasig dünsten, den kleingewürfelten Kürbis zugeben und ca. 10
Min. braten. Oregano, Zitronensaft, Salz, Pfeffer und die Crème fraîche
dazugeben und mit dem Mixstab pürieren. Fischfilets aus der Marinade
nehmen, abtropfen lassen, trockentupfen und salzen. Eine beschichtete
Grillpfanne mit 2 TL Öl bestreichen und die Fischfilets auf beiden Seiten
je 3-4 Min. braten und mit den Kartoffeln auf dem Kürbispüree
anrichten.

3.64 Misosuppe mit Tofu

Liefert Vitamine, Mineralien, Enzyme und sekundäre Pflanzenwirkstoffe.
Alginsäure entgiftet den Darm, löst Stagnation. Belebt, entgiftet, stärkt
das Immunsystem, fördert Verdauung, stärkt Magen, lindert Blähungen.
Anzahl Portionen: 3
Kalorien p. Portion 51
Gramm p. Portion   231,33
Kochdauer ca.   5 min.
Allergene: E
(Kohlehydrat:43,33% / Eiweiß & Fett:56,67%)
100g.≈ Eiweiß 4,44g. Fett:1,66g.
µg. - Ph:11,31 Na:58,1 Ka:19,06 Mg:5,88 Ca:7,16 Fe:0,06 Zn:0,01 Col.:0 Hsr.:3,33

Zutaten:
Wakame 1 Stück / 5g. (ja)
Miso 3-4 EL / 30g. (ja)
Soja Tofu 50 g. / 50g. (ja)
Wasser 1/2 Liter / 500g. (ja)
Sojasauce 1 Schuss / 3g. (ja)
Zwiebel Frühlingszwiebel 1/2 EL / 6g. (ja)

Kochanleitung:

Wasser, Sojakeimlinge, Wakamealge und in Würfel geschnittenen Tofu
5 Min. aufwärmen. Misopaste in Suppenteller geben und langsam mit
heißer Suppe übergießen. Mit Tamari abschmecken. Eventuell
Frühlingszwiebeln dazugeben.

3.65 Nudel-Auflauf mit Quark und Pfirsichen

Lindert Müdigkeit, entspannt, stärkt die Abwehr, beruhigt Nerven und
Magen. Gut bei Aufstoßen, akuter oder chronischer Verstopfung,
Blähungen, Sodbrennen.

Anzahl Portionen: 4
Kalorien p. Portion 442
Gramm p. Portion 293,5
Kochdauer ca. 1 Stunde
Allergene: ACGO
(Kohlehydrat:65,89% / Eiweiß & Fett:34,11%)
100g.≈ Eiweiß 17,56g. Fett:19,07g.
µg. - Ph:26,04 Na:6,66 Ka:36,6 Mg:4,79 Ca:10,1 Fe:0,19 Zn:0,04 Col.:3,85 Hsr.:9,81

Zutaten:

Pfirsich 500 g. / 500g. (empfehlenswert)
Nudeln (Weizen, Bandnudeln) mit Ei 200 g / 200g. (ja)
Huhn Ei 2 Stück / 120g. (ja)
Zucker (Staubzucker) 40 g. / 40g. (wenig)
Vanillezucker natur 3 Paket / 3g. (ja)
Zitrone Schale 1/2 Stück / 2g. (ja)
Zimtpulver 1/4 TL / 1g. (ja)
Topfen (Quark) 20% 250 g. / 250g. (empfehlenswert)
Butter Bio 2 TL / 8g. (ja)
Erdbeermarmelade 4 EL / 50g. (ja)

Kochanleitung:

Ofen auf 180 Grad vorheizen. Pfirsiche kurz in kochendes Wasser
legen, abtropfen lassen und die Haut abziehen. Pfirsiche in kleine
Spalten schneiden. Nudeln in reichlich Salzwasser bissfest kochen,
abgießen, kalt abschrecken und abtropfen lassen. Eier trennen. Eigelb
mit Puderzucker, Vanillezucker, abgeriebener Zitronenschale und Zimt
mit dem Schneebesen schaumig rühren. Quark einrühren und die
Nudeln untermischen. Eiweiß zu festem Schnee schlagen und
vorsichtig unter die Nudelmasse heben. Eine Auflaufform dünn mit
Butter ausstreichen. Abwechselnd Quark-Nudelmasse und
Pfirsichspalten in die Form schichten und mit der Nudelmasse
abschließen. Den Auflauf mit Butterflöckchen bestreuen und im
vorgeheizten Ofen 30 Min. backen. Portionsweise mit einem Esslöffel

Marmelade anrichten.

3.66 Nudeln mit Putenfleisch und Ananas

Bakterizid, löst Gallen-, Nieren- und Blasensteine, liefert Vitamin C, stärkt Blut, baut Milz und Magen auf, stärkt Knochenmark, lindert Entzündungen, harntreibend.

Anzahl Portionen: 4
Kalorien p. Portion 292
Gramm p. Portion 333,12
Kochdauer ca. 45 Min.
Allergene: ACGL
(Kohlehydrat:53,34% / Eiweiß & Fett:46,66%)
100g.≈ Eiweiß 17,59g. Fett:11,45g.
µg. - Ph:22,17 Na:12,05 Ka:50,8 Mg:7,11 Ca:16,79 Fe:0,18 Zn:0,05 Col.:0,98 Hsr.:12,27

Zutaten:
Nudeln (Vollkorn) mit Ei 200 g / 200g. (empfehlenswert)
Ananas 200 g / 200g. (ja)
Wasser 100 ml. / 50g. (ja)
Pute Brustfleisch 200 g / 200g. (empfehlenswert)
Rapsöl 1 EL / 12g. (empfehlenswert)
Knoblauch 1 Stück / 2g. (ja)
Grundrezept für eine Gemüsebrühe nahrhaft 100 ml. / 100g. (ja)
Kuhmilch (Vollmilch 3,5 % Fett) 180 ml. / 180g. (ja)
Frischkäse 75 g. / 75g. (ja)
Curry 3 tl / 6g. (ja)
Salz 1 Prise / 1g. (wenig)
Pfeffer gemahlen 1 Prise / 0,5g. ()
Granatapfel 1 Stück / 300g. (ja)
Kokosflocken 1 EL / 6g. (ja)

Kochanleitung:
Die Nudeln in Salzwasser gar kochen. Die Ananas würfelig schneiden und 5 Min. in Wasser köcheln. Das in Streifen geschnittene Fleisch in Öl anbraten, den gehackten Knoblauch und die in Stücke geschnittene Ananas zufügen, etwa 50 ml vom Ananassaft zugeben und die Gemüsebrühe einrühren. Die Milch und den Frischkäse einrühren, bis er sich vollständig aufgelöst hat. Nun den Curry dazugeben und ein paar Minuten köcheln lassen, bis eine cremige Konsistenz erreicht ist. Mit Salz und Pfeffer abschmecken. Jetzt die Nudeln in die fertige Soße geben. Den Granatapfel aufschneiden und die Kerne auslösen. Beliebig viele Kerne auf den angerichteten Nudeln verteilen. Wer mag, kann Kokosraspeln darüber streuen.

3.67 Obstsaftgetränk

Stoppt Durchfall, fördert Verdauung, appetitanregend, harmonisiert Magen, lindert Schmerzen, entgiftet, bakterizid,
senkt Blutdruck, stärkt Immunsystem, beugt Krebs vor, reduziert Strahlenverletzungen.

Anzahl Portionen: 2
Kalorien p. Portion 175
Gramm p. Portion 305
Kochdauer ca. 10 Min.
Allergene:
(Kohlehydrat:93% / Eiweiß & Fett:7%)
100g.≈ Eiweiß 1,89g. Fett:0,9g.
µg. - Ph:4,99 Na:2,24 Ka:37,45 Mg:2,36 Ca:6,04 Fe:0,21 Zn:0,05 Col.:0 Hsr.:4,3

Zutaten:
Orange 2 Stück / 150g. (ja)
Apfel (süß) 4 Stück / 300g. (empfehlenswert)
Karotte (Mohrrübe, Möhre) 2 Stück / 150g. (empfehlenswert)
Honig 1 EL / 10g. (ja)

Kochanleitung:
Orangen und Karotten schälen, alle Zutaten würfelig schneiden, damit sie in die Saftpresse passen und entsaften, mit Honig süßen.

3.68 Ofenkartoffeln mit Sellerie-Quark

Stärkt Milz, lindert Entzündungen, verbessert Verdauung, regeneriert die Haut, harntreibend, senkt Cholesterinspiegel.

Anzahl Portionen: 2
Kalorien p. Portion 304
Gramm p. Portion 398
Kochdauer ca. 30 Min.
Allergene: GL
(Kohlehydrat:52% / Eiweiß & Fett:48%)
100g.≈ Eiweiß 15,61g. Fett:24,04g.
µg. - Ph:19,06 Na:6,87 Ka:59,91 Mg:7,16 Ca:24,85 Fe:0,1 Zn:0,08 Col.:1,01 Hsr.:3,76

Zutaten:
Sellerie Knolle 80 g. / 80g. (empfehlenswert)
Grundrezept für eine Gemüsebrühe nahrhaft 100 ml. / 100g. (ja)
Kümmel gemahlen 1 Prise / 0,2g. (ja)
Zitrone Schale 1/2 TL / 1g. (ja)
Salz 1 Prise / 1g. (wenig)
Pfeffer gemahlen 1 Prise / 0,2g. ()
Zitrone Saft 1 TL / 3g. (ja)
Topfen (Quark) 20% 200 g. / 200g. (empfehlenswert)

Creme fraîche 1/2 EL / 5g. (ja)
Kartoffel 6 Stück / 400g. (ja)
Olivenöl 2 TL / 5g. (ja)
Salz 1 Prise / 1g. (wenig)

Kochanleitung:
Sellerie-Quark: Sellerie in Gemüsebrühe (nach Grundrezept) mit
Kümmel und Zitronenschale zum Kochen bringen und zugedeckt ca. 8
Min. köcheln lassen, bis er weich und die Gemüsebrühe fast verdampft
ist. Dann alles mit Zitronensaft mit dem Mixstab fein pürieren, mit dem
Quark glatt rühren und mit Salz und Pfeffer abschmecken.
Ofenkartoffel: Den Ofen auf 200 Grad vorheizen. Kartoffeln gut
abbürsten, längs halbieren und mit der Schnittfläche nach oben
nebeneinander auf ein Backblech setzen. Schnittflächen leicht salzen,
mit Öl beträufeln und im Ofen ca. 25 Min. backen. Sellerie-Quark zu
den Kartoffeln reichen.

3.69 Orientalische Reispfanne

Stärkt Magen, Nieren und Blase, löst Stagnation, fördert
Gewichtsabnahme, hilft Fett zu verdauen und liefert zahlreiche
Vitamine, Mineralstoffe sowie sekundäre Pflanzenwirkstoffe. Gut bei
Abwehrschwäche, Appetitlosigkeit, Blähungen, Bluthochdruck.

Anzahl Portionen: 6
Kalorien p. Portion 303
Gramm p. Portion 271,83
Kochdauer ca. 30 Min.
Allergene: EL
(Kohlehydrat:81,36% / Eiweiß & Fett:18,64%)
100g.≈ Eiweiß 9,51g. Fett:5,44g.
µg. - Ph:14,12 Na:4,25 Ka:29,82 Mg:11,83 Ca:25,45 Fe:0,16 Zn:0,01 Col.:0 Hsr.:12,22

Zutaten:
Reis Vollkorn 180 g. / 180g. (empfehlenswert)
Grundrezept für eine Gemüsebrühe nahrhaft 600 ml. / 500g. (ja)
Curry 1/2 TL / 2g. (ja)
Zwiebel Frühlingszwiebel 4 Stück / 80g. (ja)
Rapsöl 2 EL / 20g. (empfehlenswert)
Paprika 120 g. / 120g. (empfehlenswert)
Mais 80 g. / 80g. (ja)
Shiitake, getrocknet 20 g. / 80g. (ja)
Bambussprossen 80 g. / 80g. (ja)
Erbsen 80 g. / 80g. (ja)
Pfirsich 60 g. / 60g. (empfehlenswert)
Ananas 60 g. / 60g. (ja)

Tomate 200 g / 200g. (empfehlenswert)
Liebstöckel 1 TL / 2g. (ja)
Basilikum (frisch) 1 TL / 2g. (ja)
Petersilie 1 TL / 2g. (ja)
Zitronenmelisse (frisch) 1 TL / 2g. (ja)
Pfeffer gemahlen 1 Prise / 1g. ()

Kochanleitung:
Die Pilze 20 Min. in Wasser einweichen. Den Reis in der Gemüsebrühe
15 Min. kochen und mit etwas Curry würzen .Die Zwiebel schälen und
in kleine Würfel schneiden. Öl in einer Pfanne erhitzen, die
Zwiebelwürfel darin andünsten. Paprika waschen, halbieren,
Kerngehäuse entfernen, in Würfel schneiden und zufügen. Mais, Pilze
und Bambussprossen dazu geben und in 5 Min. bissfest garen.
Sojasprossen, Erbsen, Pfirsich- und Ananaswürfel ebenfalls zugeben
und anschließend die geschälten, kleingeschnittenen Tomaten
dazugeben. Den gegarten Reis zugeben und mit den Kräutern und
Pfeffer abschmecken.

3.70 Palatschinken mit Spinat und Parmesan

Fördert Ausscheidung und Durchblutung, stärkt Magen, Darm und
Immunsystem. Gut bei Appetitlosigkeit, Blähungen, Bluthochdruck,
Depressionen, Diabetes, Verstopfung, Darmentzündung.
Anzahl Portionen: 6
Kalorien p. Portion   329
Gramm p. Portion   303
Kochdauer ca.   25 Min.
Allergene: ACGL
(Kohlehydrat:46% / Eiweiß & Fett:54%)
100g.≈ Eiweiß 17,5g. Fett:18,52g.
µg. - Ph:3,27 Na:3,24 Ka:6,47 Mg:0,96 Ca:4,52 Fe:0,05 Zn:0,02 Col.:1,32 Hsr.:1,02

Zutaten:
Vollkornmehl 100 g. / 100g. (empfehlenswert)
Weizen Mehl 100 g. / 100g. (ja)
Huhn Ei 4 Stück / 200g. (ja)
Kuhmilch (Vollmilch 3,5 % Fett) 400 ml. / 400g. (ja)
Salz 1 Prise / 1g. (wenig)
Sonnenblumenöl 1 EL / 15g. (ja)
Olivenöl 1 EL / 15g. (ja)
Zwiebel weiss 1 Stück / 50g. (ja)
Petersilie 1/2 Bund / 80g. (ja)
Grundrezept für eine Gemüsebrühe nahrhaft 150 ml. / 150g. (ja)
Basilikum (frisch) 1/4 TL / 1g. (ja)

Muskatnuss 1 Prise / 0,3g. (ja)
Creme fraîche 3 EL / 45g. (ja)
Spinat 600 g. / 600g. (ja)
Salz 1 Prise / 1g. (wenig)
Pfeffer gemahlen 1 Prise / 0,1g. ()
Parmesan 60 g. / 60g. (ja)

Kochanleitung:
Mehl, Eier, Milch und eine Prise Salz mit dem Schneebesen glatt
rühren. Aus dem Teig Palatschinken auf beiden Seiten knusprig braun
braten. Öl in einem kleinen Topf erhitzen und kleingeschnittene Zwiebel
darin gut weich dünsten. Kleingehackte Petersilie unterrühren und kurz
mitdünsten. Mit der Gemüsebrühe (nach Grundrezept) aufgießen, mit
Basilikum und Muskat würzen und zugedeckt 15 Min. köcheln lassen.
Crème fraîche zugeben und alles fein pürieren. Den gewaschenen
tropfnassen Spinat mit etwas Salz in einem geschlossenen Topf bei
mäßiger Hitze 3 Min. kochen, in einem Sieb abtropfen lassen und in
kleine Stücke schneiden. Spinat in die Soße einrühren und kurz
erhitzen. Parmesan untermischen. Die Palatschinken mit dem
Rahmspinat füllen.

3.71 Pikante Avocadocreme mit Hüttenkäse

Hilft bei Entzündungen, Schwellungen, Schmerzen und Juckreiz. Stärkt
Magen und Verdauungssystem, entgiftet, bakterizid.
Anzahl Portionen: 4
Kalorien p. Portion 613
Gramm p. Portion 271,25
Kochdauer ca. 15 Min.
Allergene: G
(Kohlehydrat:39% / Eiweiß & Fett:61%)
100g.≈ Eiweiß 11,04g. Fett:40,92g.
µg. - Ph:7,44 Na:14,84 Ka:19,28 Mg:1,27 Ca:2,23 Fe:0,03 Zn:0,03 Col.:0,06 Hsr.:1,09

Zutaten:
Avocado 2 Stück / 600g. (ja)
Pfeffer gemahlen 1 Prise / 0,5g. ()
Salz 1 Prise / 1g. (wenig)
Zitrone Saft 1/2 Stück / 15g. (ja)
Paprika (Rosenpaprikapulver) 1 Prise / 1g. (ja)
Olivenöl 1 EL / 10g. (ja)
Chili (Schote oder gemahlen) 1 Prise / 0,5g. (ja)
Kräuter verschiedene 1 EL / 7g. (ja)
Hüttenkäse 1 Becher / 250g. (ja)
Brot mit Johannisbrotkernmehl 8 Scheiben / 200g. (ja)

Kochanleitung:

Avocadofleisch pürieren und mit reichlich gemahlenem Pfeffer, Zitronensaft, Rosenpaprika, einigen Tropfen Öl, Chili, frischen gehackten Kräutern und einer Prise Salz würzen. Hüttenkäse (etwa gleiche Menge wie Avocadocreme) vorsichtig untermengen. Passt zu: Kartoffeln und Hirse, mit denen die Avocadocreme in Kombination mit Gemüsegerichten, Hülsenfrüchten oder Blattsalaten eine delikate Mahlzeit ergibt. Eignet sich auch sehr gut als Vorspeise oder als Mitbringsel auf Partys und als Morgenmahlzeit im Sommer, zusammen mit einem milden Gericht aus Linsen oder Adzukibohnen und geraspeltem Rettich.

3.72 Polenta mit Pfirsich

Lindert Müdigkeit, stärkt Magen, harntreibend, stärkt die Abwehr, gegen Pilzinfektionen, lässt Gallensaft fließen, beugt Alterungsprozessen vor, stärkt Gehirnzellen.

Anzahl Portionen: 3
Kalorien p. Portion   197
Gramm p. Portion   254,03
Kochdauer ca.   20 min
Allergene:
(Kohlehydrat:89,44% / Eiweiß & Fett:10,56%)
100g.≈ Eiweiß 4,48g. Fett:0,6g.
µg. - Ph:8,27 Na:0,36 Ka:35,48 Mg:2,78 Ca:3,07 Fe:0,14 Zn:0,02 Col.:0 Hsr.:4,67

Zutaten:

Wasser 2 Tassen / 240g. (ja)
Mais Gries (Polenta) 1 Tasse / 120g. (ja)
Pfirsich 2-3 Stück / 400g. (empfehlenswert)
Vanilleschote 1 Prise / 1g. (ja)
Chili (Schote oder gemahlen) 1 Prise / 0,1g. (ja)
Zimtpulver 1 Prise / 1g. (ja)

Kochanleitung:

Die Polenta in einen Topf mit heißem Wasser unter ständigem Rühren einrieseln lassen, bis die gewünschte Konsistenz erreicht ist. Vom Herd nehmen und ca. 10 Min. ausquellen lassen. Frische Pfirsiche waschen, vierteln und in die fertige Polenta hineinschneiden. Vanille und nach Geschmack Chili unterrühren und 3 Min. ziehen lassen. Wintervariante: eingelegtes Obst, Birne, Apfel

3.73 Preiselbeer-Joghurt-Mix

Gut bei akuter oder chronischer Verstopfung,
Mundschleimhautentzündung, Durchfall, Blähungen, Reizdarm.

Anzahl Portionen: 2
Kalorien p. Portion 57
Gramm p. Portion 197,5
Kochdauer ca. 5 Min.
Allergene: GO
(Kohlehydrat:75,06% / Eiweiß & Fett:24,94%)
100g.≈ Eiweiß 2,13g. Fett:1,02g.
µg. - Ph:14,34 Na:11,73 Ka:26,32 Mg:5,43 Ca:33,22 Fe:0,03 Zn:0,03 Col.:0,4 Hsr.:0,41

Zutaten:
Joghurt (natur, 1,5 % Fett) 125 g. / 125g. (empfehlenswert)
Preiselbeermarmelade 2 EL / 20g. (ja)
Mineralwasser 250 ml. / 250g. (ja)

Kochanleitung:
Joghurt, Preiselbeer-Marmelade und Mineralwasser mit dem
Standmixer schaumig rühren.

3.74 Putenbrust mit Gemüse (asiatisch)

Stärkt Blut, baut Milz und Magen auf, stärkt Knochenmark, löst
Stagnation, fördert die Verdauung, kuriert Bluthochdruck, befeuchtet
Lunge und Dickdarm, gut gegen Depressionen. Reis zur Entwässerung
des Körpers bei Übergewicht und Bluthochdruck.

Anzahl Portionen: 2
Kalorien p. Portion 535
Gramm p. Portion 371
Kochdauer ca. 45 Min.
Allergene: AEN
(Kohlehydrat:54% / Eiweiß & Fett:46%)
100g.≈ Eiweiß 31,92g. Fett:18,02g.
µg. - Ph:27,73 Na:66,82 Ka:46,74 Mg:7,57 Ca:3,14 Fe:0,2 Zn:0,21 Col.:4,05 Hsr.:15,18

Zutaten:
Reis Sorte beliebig 1 Tasse / 120g. (ja)
Wasser 6 Tassen / 240g. (ja)
Pute Brustfleisch 200 g / 200g. (empfehlenswert)
Ingwer frisch 1 cm. / 3g. (ja)
Knoblauch 1 Stück / 2g. (ja)
Sojasauce 2 EL / 20g. (ja)

Weizen Mehl 2 TL / 15g. (ja)
Zwiebel Frühlingszwiebel 2 Stück / 40g. (ja)
Paprika 1/2 Stück / 10g. (empfehlenswert)
Champignon 8 Stück / 30g. (ja)
Sesamöl 2 EL / 20g. (empfehlenswert)
Sojasauce 1 EL / 12g. (ja)
Curry 1 Prise / 2g. (ja)
Kurkuma (Gelbwurz) 1 Prise / 2g. (ja)
Chili (Schote oder gemahlen) 1 Prise / 1g. (ja)
Cashewnüsse 2 TL / 25g. (ja)

Kochanleitung:
Reis im Salzwasser gar kochen. Das Putenfleisch in schmale Streifen
schneiden. Ingwer und Knoblauch schälen und würfeln und zusammen
mit den Fleischstreifen in eine Schüssel geben. 1 EL Sojasoße mit der
Weizenstärke vermischen und glattrühren. Danach über das Fleisch
geben und alles 30 Min. marinieren. Frühlingszwiebeln und Paprika
waschen, putzen und in kleine Stücke schneiden. Die Champignons
putzen und vierteln.1 EL des Sesamöls in eine beschichtete Pfanne
geben und das marinierte Putenfleisch scharf anbraten und warm
stellen. Nun das restliche Öl in die Pfanne geben und das andere
Gemüse darin anbraten. Das Fleisch dazugeben und mit Sojasoße und
den Gewürzen abschmecken. Mit dem Reis anrichten. Die
Cashewkerne vor dem Servieren über das Gericht streuen.

3.75 Reis mit gedämpftem Gemüse

Senkt Blutdruck, bakterizid, harntreibend, stärkt Immunsystem, beugt
Krebs vor, reduziert Strahlenverletzungen. Gut bei
Durchblutungsstörungen, Thrombose, Emboliegefahr, Kopfschmerzen,
Herzinfarkt und Schlaganfall.

Anzahl Portionen: 2
Kalorien p. Portion 167
Gramm p. Portion   310,5
Kochdauer ca.   20 min
Allergene: L
(Kohlehydrat:82,32% / Eiweiß & Fett:17,68%)
100g.≈ Eiweiß 4,33g. Fett:2,26g.
µg. - Ph:16,63 Na:5,67 Ka:52,64 Mg:6,29 Ca:11,8 Fe:0,4 Zn:0,07 Col.:0 Hsr.:12,64

Zutaten:
Reis Sorte beliebig 1/2 Tasse / 60g. (ja)
Wasser 3 Tassen / 300g. (ja)
Zitrone Schale 1 Stück / 3g. (ja)
Wasser 1/8 Liter / 0g. (ja)
Karotte (Mohrrübe, Möhre) 2 Stück / 180g. (empfehlenswert)
Sellerie Stangensellerie 1/2 Stück / 5g. (empfehlenswert)
Champignon 1/2 Tasse / 50g. (ja)
Kresse 2 EL / 20g. (ja)
Leinöl 1 Schuss / 3g. (empfehlenswert)

Kochanleitung:
Reis nach Grundrezept kochen, dabei ein Stück Zitronenschale
mitkochen. Wasser aufstellen und kleingeschnittene Karotten,
Stangensellerie und Champignons im Gemüseeinsatz dämpfen, bis sie
weich sind. Anschließend mit Kresse bestreuen und zuletzt einen
Schuss hochwertiges Öl zugeben.

3.76 Reis mit Pastinake

Vitaminreich, Mineralstoffe Kalium und Zink. Bei
Durchblutungsstörungen, Thrombose, Emboliegefahr, Bluthochdruck,
Kopfschmerzen, Herzinfarkt, Schlaganfall, Hefepilzinfektionen.
Anzahl Portionen: 3
Kalorien p. Portion 206
Gramm p. Portion 261,33
Kochdauer ca. 45 Min.
Allergene:
(Kohlehydrat:78,37% / Eiweiß & Fett:21,63%)
100g.≈ Eiweiß 5,17g. Fett:4,53g.
µg. - Ph:20,16 Na:2,09 Ka:94,99 Mg:7,61 Ca:10,6 Fe:0,15 Zn:0,07 Col.:0 Hsr.:12,18

Zutaten:
Reis Sorte beliebig 1 Tasse / 120g. (ja)
Wasser 2 Tassen / 200g. (ja)
Salz 1 Prise / 1g. (wenig)
Pastinake 3-4 Stück / 450g. (ja)
Olivenöl 1 EL / 10g. (ja)
Salbei 1 TL / 3g. (ja)

Kochanleitung:
Pastinake schälen und in Scheiben schneiden. Kurz in Öl anbraten.
Reis hinzugeben und kurz mitbraten. Mit Wasser übergießen und
mindestens 30 Min. lang kochen lassen. Mit etwas frischem gehacktem
Salbei bestreuen.

3.77 Reis-Congee mit Honigbirne und schwarzem Sesam

Fördert Verdauung, harntreibend, befeuchtet Darm. Gut bei Durchblutungsstörungen, Thrombose, Emboliegefahr, Bluthochdruck, Kopfschmerzen, Herzinfarkt und Schlaganfall.

Anzahl Portionen: 2
Kalorien p. Portion 159
Gramm p. Portion 271,5
Kochdauer ca. 10 Min. - 3 Stunden
Allergene: N
(Kohlehydrat:95 26% / Eiweiß & Fett:4,74%)
100g.≈ Eiweiß 2,44g. Fett:1,55g.
µg. - Ph:9,61 Na:0,87 Ka:36,88 Mg:70,3 Ca:68,61 Fe:0,18 Zn:0,06 Col.:0 Hsr.:5,76

Zutaten:
Grundrezept für eine Reissuppe (Congee) 2 Tassen / 240g. (ja)
Birne 2 Stück / 300g. (empfehlenswert)
Sesam, Schwarzer 1 TL / 3g. (ja)

Kochanleitung:
Reis-Congee nach Grundrezept kochen oder vorbereiteten verwenden. Topf mit 3 cm Wasser befüllen und aufkochen lassen. Birnen vierteln (mit Haut und Kernen) und hineingeben und mit schwarzem Sesam 10 Min. zugedeckt köcheln lassen. Mit dem Reis mischen.

3.78 Reispudding

Reguliert Magen-Darm-Funktion, stärkt Milz, Magen und Muskeln, liefert Vitamin C.

Anzahl Portionen: 1
Kalorien p. Portion 316
Gramm p. Portion 329
Kochdauer ca. 2 Stunden
Allergene: G
(Kohlehydrat:75,96% / Eiweiß & Fett:24,04%)
100g.≈ Eiweiß 9,26g. Fett:7,36g.
µg. - Ph:91,08 Na:31,47 Ka:222,68 Mg:30,22 Ca:77,57 Fe:0,44 Zn:0,42 Col.:3,65 Hsr.:17,51

Zutaten:
Kuhmilch (Vollmilch 3,5 % Fett) 200 ml. / 200g. (ja)
Reis Rundkornreis 25 g. / 25g. (ja)
Banane 100 g. / 100g. (ja)
Rote Grütze (ohne Zucker) 2 TL / 4g. (ja)

Kochanleitung:

Die Hälfte der Milch in einem kleinen Topf zum Kochen bringen. Den Reis einstreuen und bei schwacher Hitze etwa 15 Min. kochen lassen. Die Banane schälen, mit dem Pürierstab fein zermusen und den Rote-Bete-Saft dazugeben. Das Bananenmus unter den heißen Reis ziehen. Eine hübsche Puddingform (ca. ¼ l Inhalt) mit kaltem Wasser ausschwenken, den Bananenreis in die Form füllen und den Pudding bei Zimmertemperatur ausquellen lassen. Nach etwa 3 Std. ist er fest und kann gestürzt werden. Die restliche Milch als Getränk dazugeben.

3.79 Rindfleisch-Kürbis-Gemüse-Eintopf

Lindert Entzündungen, verbessert Verdauung, reduziert Blutzucker, stärkt Muskeln, Sehnen und Knochen, hilft Fett zu verdauen.

Anzahl Portionen: 4
Kalorien p. Portion   368
Gramm p. Portion   403,88
Kochdauer ca.   1 Stunde
Allergene: AL
(Kohlehydrat:47,68% / Eiweiß & Fett:52,32%)
100g.≈ Eiweiß 30,33g. Fett:11,31g.
µg. - Ph:18,15 Na:12,9 Ka:63,49 Mg:6,73 Ca:14,8 Fe:0,3 Zn:0,08 Col.:1 Hsr.:11,31

Zutaten:

Rind Fleisch 350 g. / 350g. (ja)
Kürbis 350 g. / 350g. (ja)
Lauch (Porree) 150 g. / 150g. (ja)
Kartoffel 350 g. / 350g. (ja)
Tomate 150 g. / 150g. (empfehlenswert)
Olivenöl 2 EL / 25g. (ja)
Grundrezept für eine Gemüsebrühe nahrhaft 125 g. / 125g. (ja)
Salz 1 Prise / 1g. (wenig)
Pfeffer gemahlen 1 Prise / 0,5g. ()
Paprika (Rosenpaprikapulver) 1 TL / 2g. (ja)
Kümmel gemahlen 1 Prise / 1g. (ja)
Zucker Ursüße (Zuckerrohr) süß 1 Prise / 1g. (wenig)
Petersilie 1/2 Bund / 30g. (ja)
Weißbrot (Weizenbrot) 4 Scheiben / 80g. (wenig)

Kochanleitung:

Rindfleisch in Würfel schneiden. Kürbis schälen und würfeln. Lauch in Ringe schneiden und geschälte Kartoffeln würfeln. Die Tomaten mit kochendem Wasser überbrühen, Haut abziehen und würfeln. Fleisch in Olivenöl anbraten und mit Gemüsebrühe auffüllen. Das geputzte Gemüse dazugeben und mit Salz, Pfeffer, Paprika, Kümmel und

Fruchtzucker abschmecken. 30 Min. bei schwacher Hitze schmoren. Noch einmal würzen und mit Petersilie bestreut mit Weißbrot servieren.

3.80 Rosmarinkartoffeln

Kartoffel stärkt die Milz, lindert Entzündungen, verbessert die Verdauung, regeneriert die Haut, ist harntreibend, senkt Cholesterinspiegel. Rosmarin fördert Verdauung, stärkt Lunge, Milz und Nieren.

Anzahl Portionen: 2
Kalorien p. Portion 189
Gramm p. Portion 216,5
Kochdauer ca. 30 Min.
Allergene:
(Kohlehydrat:76,49% / Eiweiß & Fett:23,51%)
100g.≈ Eiweiß 4,21g. Fett:5,25g.
µg. - Ph:23,02 Na:1,45 Ka:165,76 Mg:9,44 Ca:3,73 Fe:0,2 Zn:0,07 Col.:0,01 Hsr.:7,27

Zutaten:
Kartoffel 6-8 Stück / 420g. (ja)
Salz Kräutersalz 1 Prise / 1g. (ja)
Olivenöl 1 EL / 10g. (ja)
Rosmarin 1 TL / 2g. (ja)

Kochanleitung:
Kartoffeln der Länge nach halbieren, mit etwas Olivenöl bestreichen, salzen, 2-3 Rosmarinnadeln auf jede halbe Kartoffel streuen, auf Backblech setzen und im vorgeheizten Backofen ca. 25 Min. bei 190 Grad backen.

3.81 Rührei mit Rucola und Kräutern

Beruhigt Nerven und Magen, fördert Verdauung, entgiftet, stärkt Säfteproduktion, treibt Schweiß, reduziert Blutfett, regt an, löst Stagnation, regt Leberfunktion an, harmonisiert Leber und Milz, stärkt Sehkraft, entgiftet.

Anzahl Portionen: 1
Kalorien p. Portion 360
Gramm p. Portion 191
Kochdauer ca. 10 Min
Allergene: CG
(Kohlehydrat:11% / Eiweiß & Fett:89%)
100g.≈ Eiweiß 16,61g. Fett:30,38g.
µg. - Ph:156,1 Na:98,06 Ka:229,29 Mg:15,37 Ca:66,01 Fe:1,96 Zn:0,98 Col.:273,93
Hsr.:9,63

Zutaten:
Butter Bio 2 EL / 20g. (ja)
Ingwer frisch 1 Messerspitze / 1g. (ja)
Huhn Ei 2 Stück / 120g. (ja)
Pfeffer gemahlen 1 Prise / 0,5g. ()
Koriander 1 Prise / 1g. (ja)
Petersilie 2 EL / 16g. (ja)
Oregano getrocknet 1 TL / 2g. (ja)
Bohnenkraut 1 Prise / 0,5g. (empfehlenswert)

Kochanleitung:
Ein Stück Butter in einer Pfanne schmelzen lassen. Etwas
kleingeschnittenen Ingwer kurz darin anbraten. 1 Ei darin aufschlagen
und frisch gemahlenen Pfeffer, eine Prise Koriander, Bohnenkraut,
etwas Salz, gehackte Petersilie, Rucola und Oregano (kleingeschnitten)
unterrühren, bis das Ei stockt, aber noch saftig ist. Dazu passt: Hirse,
Polenta, Kartoffeln, getoastetes Brot. Bekömmlicher ist das Gericht
jedoch ohne Kohlehydrate.

3.82 Schwarzwurzel mit Joghurt

Schwarzwurzeln regen Nieren, Blase und damit die Reinigung des
Körpers an. Sie stimulieren im physiologischen Sinne allgemein die
Drüsen im Organismus. Gut bei akuter oder chronischer Verstopfung
des Darmes. Liefern Vitamine und Spurenelemente.
Anzahl Portionen: 2
Kalorien p. Portion 319
Gramm p. Portion 304,5
Kochdauer ca. 20 min
Allergene: AG
(Kohlehydrat:76,55% / Eiweiß & Fett:23,45%)
100g.≈ Eiweiß 7,98g. Fett:2,08g.
µg. - Ph:45,41 Na:46,46 Ka:135,9 Mg:13,05 Ca:30,12 Fe:1,28 Zn:0,12 Col.:0,16
Hsr.:28,83

Zutaten:
Schwarzwurzel 1/2 Kg. / 400g. (ja)
Joghurt (natur, 1,5 % Fett) 4 EL / 80g. (empfehlenswert)
Kräuter verschiedene 1 EL / 8g. (ja)
Salz 1 Prise / 1g. (wenig)
Mehrkornbrot (Graubrot) 6 Scheiben / 120g. (ja)

Kochanleitung:
Schwarzwurzel schälen und in Salzwasser kochen, bis sie weich sind.
Das Wasser wegschütten, Schwarzwurzel auskühlen lassen und klein

schneiden. Mit Joghurt übergießen und mit frischen Kräutern bestreuen. Mit dem Mehrkornbrot servieren.

3.83 Sellerie-Kartoffel-Cremesuppe

Senkt Blutdruck, stärkt Immunsystem, fördert Gewichtsabnahme. Gut bei Abwehrschwäche, Appetitlosigkeit, Blähungen, Depressionen, Diabetes, Durchfall, Verdauungsschwäche.

Anzahl Portionen: 4
Kalorien p. Portion 113
Gramm p. Portion 241,5
Kochdauer ca. 45 Min.
Allergene: GL
(Kohlehydrat:83,35% / Eiweiß & Fett:16,65%)
100g.≈ Eiweiß 2,16g. Fett:5,52g.
µg. - Ph:5,96 Na:3,46 Ka:23,98 Mg:22,27 Ca:83,51 Fe:0,18 Zn:0,02 Col.:0 Hsr.:1,49

Zutaten:
Olivenöl 1 EL / 10g. (ja)
Zwiebel weiss 1/2 Stück / 25g. (ja)
Grundrezept für eine Gemüsebrühe nahrhaft 700 ml. / 700g. (ja)
Kartoffel 200 g / 200g. (ja)
Muskatnuss 1 Prise / 0,5g. (ja)
Kümmel 1 Prise / 0,5g. (ja)
Zitrone Schale 1/4 Stück / 1g. (ja)
Creme fraîche 2 EL / 20g. (ja)
Salz 1 Prise / 1g. (wenig)
Petersilie 1 EL / 8g. (ja)

Kochanleitung:
Das Olivenöl in einem Topf leicht erhitzen und Zwiebelwürfel darin bei milder Hitze ganz weich dünsten. Mit Gemüsebrühe (nach Grundrezept) aufgießen und zugedeckt 15 Min. köcheln lassen. Kartoffelwürfel, kleingeschnittenen Sellerie, Muskat, Kümmel und Zitronenschale zugeben und zugedeckt weitere 12 Min. leicht kochen. Kartoffeln und Sellerie sollen weich sein, aber nicht zerfallen. Zitronenschale entfernen, mit dem Mixstab oder im Mixer die Suppe mit Crème fraîche fein pürieren und mit Salz abschmecken. Suppe portionsweise mit der kleingehackten Petersilie anrichten.

3.84 Selleriesuppe

Stärkt Magen, beruhigt Nerven, fördert Appetit und Verdauung, löst
Stagnation.
Anzahl Portionen: 4
Kalorien p. Portion 101
Gramm p. Portion 285,62
Kochdauer ca.   45 Min.
Allergene: ACGL
(Kohlehydrat:43,65% / Eiweiß & Fett:56,35%)
100g.≈ Eiweiß 4,33g. Fett:5,7g.
µg. - Ph:11,03 Na:20,2 Ka:44,23 Mg:2,49 Ca:11,41 Fe:0,11 Zn:0,01 Col.:1,44 Hsr.:8,46

Zutaten:
Wasser 1/2 Liter / 500g. (ja)
Butter Bio 1 EL / 15g. (ja)
Muskatnuss 1 Prise / 1g. (ja)
Salz 1 Prise / 1g. (wenig)
Dinkel Vollkornmehl 2-3 TL / 25g. (ja)
Sellerie Knolle 1 Stück / 500g. (empfehlenswert)
Huhn Ei 1 Stück / 55g. (ja)
Sahne sauer 10% 2-3 EL / 25g. (ja)
Sellerie Stangensellerie 2 EL / 20g. (empfehlenswert)
Pfeffer gemahlen 1 Prise / 0,5g. ()

Kochanleitung:
1 EL Butter in einem Topf zerlassen. Eine Messerspitze Muskat, eine
Prise Salz und 2-3 TL Dinkelvollkornmehl (fein und möglichst frisch
gemahlen) hineingeben und unter Rühren zu einer Schwitze
verarbeiten. 500 ml heißes Wasser nach und nach einrühren und den
großen, fein geschnittenen Knollensellerie zugeben. Etwa 35 Min.
garen und danach pürieren. 1 Eigelb mit der Sahne verrühren und in
der heißen, nicht mehr kochende Suppe, kräftig untermengen. Einige
Sellerieblätter fein gehackt dazugeben und mit Pfeffer und Salz
abschmecken.

3.85 Spargelcremesuppe

Harntreibend, fördert Durchblutung, produziert Körpersäfte, beugt Krebs vor, führt ab, antiparasitär, regt Leberfunktion an. Gut bei Appetitlosigkeit, Blähungen, Rheuma, Sodbrennen.

Anzahl Portionen: 2
Kalorien p. Portion 240
Gramm p. Portion 409,5
Kochdauer ca. 45 Min.
Allergene: ACG
(Kohlehydrat:21% / Eiweiß & Fett:79%)
100g.≈ Eiweiß 5,2g. Fett:19,85g.
µg. - Ph:9,44 Na:1,5 Ka:15,8 Mg:1,6 Ca:6,23 Fe:0,13 Zn:0,08 Col.:9,84 Hsr.:2,42

Zutaten:

Spargel (grün oder weiß) 200 g / 200g. (empfehlenswert)
Wasser 1/2 Liter / 500g. (ja)
Rapsöl 3 EL / 30g. (empfehlenswert)
Weizen Mehl 2 EL / 10g. (ja)
Huhn Eigelb 1 Stück / 25g. (wenig)
Kuhmilch (Vollmilch 3,5 % Fett) 1 EL / 15g. (ja)
Sauerrahm 15% Fett 1 EL / 15g. (ja)
Pfeffer gemahlen 1 Prise / 0,5g. ()
Muskatnuss 1 Prise / 0,5g. (ja)
Zitrone Saft 1 TL / 2g. (ja)
Petersilie 2 EL / 20g. (ja)
Salz 1 Prise / 1g. (wenig)

Kochanleitung:

Den Spargel waschen und schälen. Wasser, etwas Zitronensaft und eine Prise Salz zum Kochen bringen. Die Spargelstangen zusammenbinden. Spargelschalen ins Kochwasser geben und aufkochen lassen. Den Spargel in die kochende Flüssigkeit geben und auf kleiner Hitze ca. 20 Min. garen lassen. Danach die Spargelbündel herausnehmen und den Sud durch ein Sieb gießen. Für die Einbrenne das Öl in einem Topf erhitzen, das Mehl zugeben und farblos anschwitzen. Mit dem Spargelsud langsam auffüllen und 10 Min. köcheln lassen. Die Spargelstangen in ca. 3 cm lange Stücke schneiden und unter die abgebundene Suppe geben. Kurz vor dem Servieren die Suppe nochmals aufkochen lassen. Das Eigelb mit Milch und Sauerrahm verrühren. Den Topf vom Herd nehmen und danach das Eigelb-Milch-Gemisch unterrühren. Mit Pfeffer und Muskat abschmecken, mit der gehackten Petersilie dekorieren und sofort servieren.

3.86 Tee aus Grüntee

Fördert Verdauung, harntreibend, löst Schleim, entgiftet, regt Nerven an, reduziert Blutfett, senkt Cholesterinspiegel, lindert Entzündungen.
Anzahl Portionen: 1
Kalorien p. Portion 3
Gramm p. Portion   122
Kochdauer ca.   10 Min.
Allergene:
(Kohlehydrat:20% / Eiweiß & Fett:80%)
100g.≈ Eiweiß 0,01g. Fett:0g.
µg. - Ph:5,61 Na:1,07 Ka:27,59 Mg:4,07 Ca:9,43 Fe:0,04 Zn:0,1 Col.:0 Hsr.:0

Zutaten:
Grüner Tee 1 TL / 2g. (ja)
Wasser 1 Tasse / 120g. (ja)

Kochanleitung:
Pro Tasse verwendet man einen Teelöffel voll oder einen Teebeutel. Grüntee nur mit 60-80 Grad heißem Wasser aufbrühen, da er sonst bitter wird. Soll der Tee eine anregende Wirkung haben, lässt man ihn 2-3 Min. ziehen. Eher beruhigend wirkt er bei einer Ziehdauer von 5 Min. (nicht länger, sonst wird er bitter!). Eine andere Methode: Man übergießt die Teeblätter mit ca. 70 Grad heißem Wasser und gießt es sofort wieder ab. Dann einfach noch mal heißes Wasser nachgießen. Die Bitterstoffe verschwinden und der Tee bekommt ein milderes Aroma.

3.87 Tee aus Ingwer mit Honig

Honig lindert Schmerzen, entgiftet, ist bakterizid. Frischer Ingwer fördert Verdauung, entgiftet, stärkt Säfteproduktion, treibt Schweiß, reduziert Blutfett, regt an, löst Stagnation.
Anzahl Portionen: 4
Kalorien p. Portion 5
Gramm p. Portion   127,25
Kochdauer ca.   30 Min.
Allergene:
(Kohlehydrat:98,08% / Eiweiß & Fett:1,92%)
100g.≈ Eiweiß 0,02g. Fett:0,01g.
µg. - Ph:0,1 Na:0,29 Ka:0,7 Mg:0,33 Ca:1,27 Fe:0,01 Zn:0,01 Col.:0 Hsr.:0

Zutaten:
Ingwer frisch 1 TL / 3g. (ja)
Wasser 1/2 Liter / 500g. (ja)
Honig 2 TL / 6g. (ja)

Kochanleitung:
Wasser zum Kochen bringen und beiseite stellen. Ingwer zugeben und 20-30 Min. ziehen lassen. Nach Geschmack mit Honig süßen.

3.88 Tee aus Pfefferminz mit weißem Kandiszucker

Pfefferminze entkrampft, befreit Lunge und Nase (inhalieren) und reguliert Zyklus. Weißer Kandis nährt und stärkt Körper, entgiftet.
Anzahl Portionen: 2
Kalorien p. Portion 7
Gramm p. Portion 255
Kochdauer ca. 15 Min.
Allergene:
(Kohlehydrat:91% / Eiweiß & Fett:9%)
100g.≈ Eiweiß 0,13g. Fett:0,02g.
µg. - Ph:0,24 Na:0,3 Ka:0,92 Mg:0,35 Ca:1,97 Fe:0,01 Zn:0,02 Col.:0 Hsr.:0

Zutaten:
Pfefferminze 1 EL / 7g. (ja)
Wasser 1/2 Liter / 500g. (ja)
Zucker Kandis weiß 1 TL / 3g. (wenig)

Kochanleitung:
Wasser zum Kochen bringen und beiseite stellen. Pfefferminze hineingeben und 10 Min. ziehen lassen. Abseihen und nach Geschmack süßen.

3.89 Tee aus Rooibos

Antioxidativ, entzündungshemmend, antibakteriell, antiviral, antifungal, entgiftend (basisch), krebshemmend, schützt durch enthaltene Flavonoide, positive Wirkung bei Alzheimer und Arteriosklerose. Antiallergisch, hemmt die Histaminausschüttung.
Anzahl Portionen: 5
Kalorien p. Portion 0
Gramm p. Portion 200,8
Kochdauer ca. 10 Min.
Allergene:
(Kohlehydrat:0% / Eiweiß & Fett:0%)
100g.≈ Eiweiß 0g. Fett:0g.
µg. - Ph:0 Na:0,2 Ka:0 Mg:0,2 Ca:1 Fe:0 Zn:0 Col.:0 Hsr.:0

Zutaten:
Wasser 1 Liter / 1000g. (ja)
Rooibostee 2 TL

Kochanleitung:
3-4 TL Rooibos mit einem Liter kochenden Wasser überbrühen und 6-10 Min. ziehen lassen. Bei weichem Wasser können Sie weniger Tee für die Zubereitung nehmen, bei härterem Wasser empfehlen wir eine höhere Dosierung.

3.90 Tee aus Schwarztee (Russischer Tee)

Schwarztee fördert Durchblutung.
Anzahl Portionen: 1
Kalorien p. Portion 8
Gramm p. Portion   125
Kochdauer ca.   10 Min.
Allergene:
(Kohlehydrat:2,52% / Eiweiß & Fett:97,48%)
100g.≈ Eiweiß 1,28g. Fett:0,26g.
µg. - Ph:11,92 Na:1,2 Ka:72,32 Mg:7,96 Ca:16,52 Fe:0,08 Zn:0,11 Col.:0 Hsr.:13,12

Zutaten:
Schwarztee 1 EL / 5g. (ja)
Wasser 1 Tasse / 120g. (ja)

Kochanleitung:
Pro Tasse verwendet man einen Teelöffel voll oder einen Teebeutel. Den Tee nur mit 60 bis 80 Grad heißem Wasser übergießen, da er sonst bitter wird. Soll der Tee eine anregende Wirkung haben, lässt man ihn 2 bis 3 Min. ziehen. Eher beruhigend wirkt er bei einer Ziehdauer von 5 Min. (nicht länger, sonst wird er bitter!). Eine andere Methode: Man übergießt die Teeblätter mit ca. 70 Grad heißem Wasser und gießt das Wasser sofort wieder ab. Dann einfach noch mal heißes Wasser nachgießen. Die Bitterstoffe verschwinden und der Tee bekommt ein milderes Aroma.

3.91 Teemischung gegen allgemeine Erschöpfung

Gegen allgemeine Erschöpfung, antibakteriell, aufmunternd. Gut bei Appetitlosigkeit, Blähungen und Sodbrennen.
Anzahl Portionen: 4
Kalorien p. Portion 2
Gramm p. Portion   127
Kochdauer ca.   10 Min.
Allergene:
(Kohlehydrat:55% / Eiweiß & Fett:45%)
100g.≈ Eiweiß 0,17g. Fett:0,04g.
µg. - Ph:0,11 Na:0,11 Ka:0,93 Mg:0,13 Ca:0,63 Fe:0 Zn:0,01 Col.:0 Hsr.:0

Zutaten:
Zitronenmelisse (getrocknet) 2 TL / 3g. (ja)
Brombeerblätter 2 TL / 3g. (ja)
Lavendelblüten 1 TL / 2g. (ja)
Wasser 2 Tassen / 500g. (ja)

Kochanleitung:
2 g Melisse, 2 g Brombeerblätter, 1,5 g Lavendelblüten. Ein TL der Kräutermischung mit einer Tasse kochendem Wasser übergießen, 10 Min. zugedeckt ziehen lassen und absieben. Dreimal täglich eine Tasse trinken.

3.92 Tomaten mit Mozzarella

Fördert Verdauung, hilft Fett zu verdauen, harntreibend, senkt Blutdruck. Hilft bei Appetitlosigkeit, Blähungen, Darmentzündungen, Übelkeit, ist entkrampfend und beruhigend.
Anzahl Portionen: 1
Kalorien p. Portion 436
Gramm p. Portion 217
Kochdauer ca. 5 min
Allergene: AG
(Kohlehydrat:36,98% / Eiweiß & Fett:63,02%)
100g.≈ Eiweiß 14,85g. Fett:30,32g.
µg. - Ph:90,53 Na:176,32 Ka:158,47 Mg:12,75 Ca:109,48 Fe:0,33 Zn:0,5 Col.:10,69
Hsr.:13,46

Zutaten:
Mozzarella 1 Stück / 50g. (ja)
Tomate 2 Stück / 100g. (empfehlenswert)
Salz 1 Prise / 1g. (wenig)
Basilikum (frisch) 5 Blätter / 6g. (ja)
Olivenöl 2 EL / 20g. (ja)
Weißbrot (Weizenbrot) 2 Scheiben / 40g. (wenig)

Kochanleitung:
Tomaten und Mozzarella in Scheiben schneiden. Auf Teller verteilen, salzen und mit Basilikum und Olivenöl anrichten. Dazu Weißbrot servieren.

3.93 Tomatensuppe

Fördert Verdauung, hilft Fett zu verdauen, senkt Blutdruck, löst Stagnation, antioxidativ, harntreibend.

Anzahl Portionen: 2
Kalorien p. Portion 100
Gramm p. Portion   290
Kochdauer ca.   10 min.
Allergene:
(Kohlehydrat:42% / Eiweiß & Fett:58%)
100g.≈ Eiweiß 1,78g. Fett:7,9g.
µg. - Ph:4,2 Na:1,2 Ka:31,36 Mg:1,99 Ca:3,85 Fe:0,07 Zn:0,04 Col.:0,01 Hsr.:1,47

Zutaten:
Olivenöl 1 EL / 15g. (ja)
Zwiebel weiss 1 Stück / 60g. (ja)
Basilikum (frisch) 1 TL / 2g. (ja)
Zimtpulver 1 Prise / 1g. (ja)
Pfeffer gemahlen 1 Prise / 0,5g. ()
Salz 1 Prise / 1g. (wenig)
Tomate 5 Stück / 250g. (empfehlenswert)
Paprika (Rosenpaprikapulver) 1 Prise / 1g. (ja)
Wasser 250 g. / 250g. (ja)

Kochanleitung:
Die kleingeschnittene Zwiebel im Olivenöl in einem Topf anrösten, Salz und Gewürze zufügen und kurz mitrösten. Gewaschene und geviertelte Tomaten zugeben und kurz anbraten. 250 ml Wasser heißes Wasser zufügen, 15 Min. kochen lassen und dann pürieren.

3.94 Überbackenes Chicoréegemüse

Liefert Mineralien und Vitamine (A,B,C), befeuchtet Darm.

Anzahl Portionen: 2
Kalorien p. Portion 231
Gramm p. Portion   460,5
Kochdauer ca.   20 Min.
Allergene: AG
(Kohlehydrat:74,2% / Eiweiß & Fett:25,8%)
100g.≈ Eiweiß 6,05g. Fett:7,04g.
µg. - Ph:20,06 Na:8,39 Ka:61,13 Mg:9,33 Ca:10,83 Fe:0,3 Zn:0,07 Col.:0 Hsr.:8,96

Zutaten:
Chicorée 4 Stück / 500g. (empfehlenswert)
Sahne, süß 30% 2 EL / 40g. (wenig)
Brösel (Weizenbrot, Semmel) 2 EL / 20g. (ja)
Reis Basmatireis 1/2 Tasse / 60g. (ja)
Wasser 3 Tassen / 300g. (ja)
Salz 1 Prise / 1g. (wenig)

Kochanleitung:
Den ganzen Chicorée ca. 5 Min. blanchieren, in eine Auflaufform
geben, etwas süße Sahne und Semmelbrösel darauf verteilen und
überbacken. Den Reis in gesalzenem Wasser aufkochen lassen und
auf niedriger Stufe ca. 15 Min. quellen lassen.

3.95 Vitamindrink

Reguliert Magen-Darm-Funktion, stärkt Milz und Leber, senkt Blutdruck,
bakterizid, stärkt Immunsystem, beugt Krebs vor.
Anzahl Portionen: 3
Kalorien p. Portion 172
Gramm p. Portion   273,33
Kochdauer ca.   5 Min.
Allergene:
(Kohlehydrat:91,86% / Eiweiß & Fett:8,14%)
100g.≈ Eiweiß 2,79g. Fett:0,57g.
µg. - Ph:9,44 Na:2,63 Ka:80,69 Mg:7,39 Ca:10,07 Fe:0,28 Zn:0,03 Col.:0 Hsr.:6,17

Zutaten:
Orangensaft 300 ml. / 300g. (ja)
Karotte (Mohrrübe, Möhre) 200 g. / 200g. (empfehlenswert)
Banane 2 Stück / 300g. (ja)
Kiwi 1 Stück / 20g. (ja)

Kochanleitung:
Orangen, Karotten, Bananen und die Kiwi grob zerkleinern und mit dem
Mixstab fein pürieren.

3.96 Zucchini-Grieß-Cremesuppe

Gut bei Appetitlosigkeit, Schluckstörungen, Blähungen, Darmentzündung, Rheuma, Sodbrennen. Senkt Blutdruck, fördert Gewichtsabnahme.

Anzahl Portionen: 4
Kalorien p. Portion   146
Gramm p. Portion   341,75
Kochdauer ca.   25 Min.
Allergene: AGL
(Kohlehydrat:78% / Eiweiß & Fett:22%)
100g.≈ Eiweiß 4,02g. Fett:7,8g.
µg. - Ph:1,7 Na:0,83 Ka:9,09 Mg:4,88 Ca:18,35 Fe:0,08 Zn:0,02 Col.:0,22 Hsr.:0,82

Zutaten:
Butter Bio 20 g. / 20g. (ja)
Weizen Gries 2 EL / 20g. (ja)
Petersilie 1 Bund / 100g. (ja)
Grundrezept für eine Gemüsebrühe nahrhaft 800 ml. / 800g. (ja)
Liebstöckel 1/2 TL / 2g. (ja)
Muskatnuss 1 Prise / 0,5g. (ja)
Anis (gemeiner Fenchel) 1 Prise / 0,5g. (ja)
Zucchini 400 g. / 400g. (empfehlenswert)
Ingwer frisch 1/2 TL / 1g. (ja)
Creme fraiche 2 EL / 20g. (ja)
Zitrone Schale 1/4 Stück / 2g. (ja)
Salz 1 Prise / 1g. (wenig)
Pfeffer gemahlen 1 Prise / 0,5g. ()

Kochanleitung:
Butter in einem Topf schmelzen, Grieß hinzufügen und unter Rühren kurz anrösten. Die Hälfte der gehackten Petersilie dazugeben, kurz andünsten, mit Gemüsebrühe (nach Grundrezept) aufgießen, mit gehacktem Liebstöckel, Muskat und Anis würzen. Suppe ohne Deckel 10 Min. leicht kochen, kleingeschnittene Zucchini und ein kleines Stück Zitronenschale dazugeben und weitere 5 Min. köcheln lassen, bis die Zucchini weich sind. Zitronenschale entfernen und mit dem Mixstab zusammen mit der Crème fraîche und der restlichen Petersilie fein pürieren.

3.97 Zwetschgenkuchen

Entwässert den Körper, regt die Verdauung an, bindet Fette im Darm, lindert Schmerzen, entgiftet, bakterizid, beugt Krebs vor. Gut bei Appetitlosigkeit, Blähungen, Darmentzündung, Fettsucht, Gicht, Magengeschwür, Magenkrampf, Rheuma, Sodbrennen.

Anzahl Portionen: 6
Kalorien p. Portion 503
Gramm p. Portion 307,83
Kochdauer ca. 1 Stunde
Allergene: AG
(Kohlehydrat:71,38% / Eiweiß & Fett:28,62%)
100g.≈ Eiweiß 12,33g. Fett:19,28g.
µg. - Ph:15,91 Na:4,6 Ka:32,67 Mg:3 Ca:5,23 Fe:0,16 Zn:0,02 Col.:0,05 Hsr.:8,3

Zutaten:
Topfen (Quark) 20% 200 g / 200g. (empfehlenswert)
Weizen Mehl 400 g. / 400g. (ja)
Kuhmilch (Vollmilch 3,5 % Fett) 6 EL / 70g. (ja)
Rapsöl 6 EL / 70g. (empfehlenswert)
Honig 8 EL / 100g. (ja)
Backpulver 1 Paket / 3g. (ja)
Salz 1 Prise / 1g. (wenig)
Zimtpulver 1 TL / 3g. (ja)
Zwetschken 1 Kg / 1000g. (empfehlenswert)

Kochanleitung:
Mehl, Quark, Milch, Öl, Honig, Salz und Backpulver zu einem glatten Teig verrühren. Den Teig 15. Min. kühl stellen und quellen lassen. Auf einem mit Backpapier ausgelegten Backblech den Teig auslegen, die Pflaumen gleichmäßig darauf verteilen und mit dem Zimt bestreuen. Für ca. 40 Min. bei 190 Grad backen.

4   Wirkung der Lebensmittel

4.1   Zutaten verwenden: empfehlenswert

Apfel (sauer)
Apfel (süß)
Apfelmus
Birne
Blattsalate (bitter)
Blumenkohl (Karfiol)
Bohnen (grün, frisch)
Bohnenkraut
Borretsch
Brokkoli

Brombeere
Chicorée
Chinakohl
Erdbeere
Feldsalat
Fenchel
Flaschenkürbis
Forelle
Gemüsesaft
Gurke

Gurke (bitter)
Gurke (Gewürzgurke)
Hafer Flocken (Vollkorn)
Hafer Schmelzlocken (Babynahrung)
Hagebutte
Hagebuttentee
Himbeerblättertee
Himbeere
Joghurt (natur, 1,5 % Fett)
Johannisbeere (rot)
Johannisbeere (schwarz)
Johannisbeere (weiß)
Karotte (Frühkarotte)
Karotte (Mohrrübe, Möhre)
Karottensaft ohne Zucker
Kirsche
Kirsche (sauer)
Kohlrabi
Kohlrübe
Kopfsalat
Kräuterteemischung
Leinöl
Linsen (Helmbohnen)
Maiskeimöl
Maniokmehl
Müsli
Nudeln (Vollkorn) mit Ei
Paprika
Pfirsich
Pfirsich (Dose)
Pflaume
Preiselbeere
Preiselbeersaft
Pute Brustfleisch
Radicchio
Radieschen
Rapsöl
Reis Reisschleim

Reis Vollkorn
Reis Wilder (Naturreis)
Rettich (weiß, grün, lila-rot)
Rettich Meerrettich (Kren)
Rhabarber
Roggen Vollkornbrot
Rosenkohl
Rote Rübe
Rotkohl
Schmelzkäse 12%
Sellerie Knolle
Sellerie Stangensellerie
Sesamöl
Soja Cuisine (Soja-Sahne)
Sojabohne
Spargel (grün oder weiß)
Speiserüben
Tomate
Topfen (Quark) 20%
Vogerlsalat (Pflücksalat)
Vollkornbrot
Vollkornbrot mit ganzen Körner
Vollkornmehl
Wacholderbeere
Wachskürbis
Walnüsse
Wassermelone
Weißkohl/Weißkraut
Weizen Mehl Vollkorn
Weizen/Roggen Grau- Schwarzbrot mit Hefe
Weizenkeimöl
Weizenkleie
Wildkräuter
Wirsing/Grünkohl
Zucchini
Zwetschken

4.2 Zutaten verwenden: ja

Acerola Fruchtnektar oder Pulver
Adzukibohnen
Agar-Agar, Agartang
Agavendicksaft
Ahornsirup
Aloesaft
Amaranth
Amaranth POPS
Ananas
Ananas (aus der Dose)
Ananassaft ungezuckert
Andornkraut
Angelikawurzel

Anis (gemeiner Fenchel)
Apfelsaft (Naturtrüb)
Aprikose
Aprikose getrocknet
Aprikosen Marmelade
Aprikosennektar
Artischocke
Aubergine
Austernpilze
Avocado
Backpulver
Baldrian
Bambussprossen

Banane
Banane Kochbanane
Banchatee
Bärentraubenblätter
Bärlauch (Knoblauchspinat)
Basilikum
Basilikum (frisch)
Bataviasalat
Beeren der Saison
Beerensaft
Benediktinerdistel
Berberitzenrindetee
Birnensaft
Bitter Lemon
Bitterklee
Bitterorangenschale
Blätterteig
Blütenpollen
Bocksdornfrüchte (Fructus Lycii) getrocknet
Bockshornklee
Bohnenöl
Borretschöl
Boxhornkleesamen
Bratöl
Brennnessel
Brie
Brombeerblätter
Brombeere getrocknet (unreife)
Brombeermarmelade
Brösel (Weizenbrot, Semmel)
Brot mit Johannisbrotkernmehl
Buchweizen
Buchweizen (geröstet) Kasha
Buchweizen Vollkorn
Bulgur (Getreide)
Buschbohnen
Butter (halbfett)
Butter Bio
Butterbohnen weiße
Buttermilch
Camembert
Cashewnüsse
Champignon
Channa-Dal
Chenpi (chinesische Mandarinenschale)
Chili (Schote oder gemahlen)
Chlorella (Süßwasser)
Chrysanthemenblütentee
Clementinen
Colagetränk (kalorienarm)
Couscous
Cranberries

Creme fraiche
Cumin (Kreuzkümmel)
Curry
Currypaste rot
Dashi
Datteln getrocknet
Datteln rot
Dill
Dinkel
Dinkel Brot
Dinkel Flocken
Dinkel Gries
Dinkel Vollkornmehl
Distelöl
Dorsch
Dulse (Lappentang)
Edamer
Eibennuss
Eibisch (Hibiscus)
Eisbergsalat
Emmentaler
Endiviensalat
Ente (Frühmastente, schlachtfrisch)
Entenei
Enzianwurzel
Erbse, grün
Erbsen
Erdbeermarmelade
Erdbeersaftgetränk
Erdnussbutter
Erdnüsse
Erdnussöl
Essig (Apfelessig)
Essig (Rotweinessig)
Essig Aceto Balsamico
Essig Aceto Balsamico weiss
Essiggurke
Estragon
Färberdiestel (Hong Hua)
Färberginsterkraut
Fasan
Feige
Feige getrocknet
Fenchelsamen gemahlen
Fencheltee
Feta
Fischsouce
Flohsamen
Flunder
Frischkäse
Frischkäse aus Soja
Frischkäse mit Kräuter
Früchtetee
Fruchtzucker (Fruktose,

Traubenzucker)
Gagelpflaume
Galgant
Gans
Gans (Gänseschmalz)
Gänseblümchen
Gänseei
Garam Masala Pulver
Gelatine weiss
Gelee Royal
Gerste
Gerste (Nacktgerste)
Gerste (Perlgerste)
Gerstengras Pulver
Gerstengraupen
Gerstengrütze
Gerstenmalz
Gerstenmehl
Getreidekaffee
Ginkgofrucht
Ginsengwurzel
Glühweingewürzmischung
Gorgonzola
Gouda
Granatapfel
Grapefruit getrocknete Schale
Grapefruit/Pampelmuse/Pomelo
Grapefruitsaft
Grüner Tee
Grünkern
Guave
Hafer
Hafer Flocken geröstet
Hafer Mehl
Hafer Milch
Hafer Schrot
Hammel
Hase
Hase, wild
Haselnüsse
Hefe
Heidelbeere
Heidelbeere getrocknet
Heidelbeermarmelade
Heidelbeersaft
Heilbutt
Hibiskustee
Hijiki
Himbeere getrocknet (unreife)
Himbeermarmelade
Hiobsträne (Samen) YiYi Ren
Hirsch Fleisch
Hirse
Hirseflocken

Hokkaidokürbis
Holunderbeeren
Holunderblütentee
Honig
Honigmelone
Hopfen
Huhn Ei
Huhn Eiweiß
Huhn Fleisch
Hüttenkäse
Ingwer frisch
Ingwer Pulver
Ingweröl
Jakobstränen
Jasminblütentee
Joghurt (natur, 3,5 % Fett)
Johannisbeermarmelade (rot)
Johannisbeermarmelade (schwarz)
Johannisbeernektar (schwarz)
Johannisbrotkernmehl
Kabeljau
Kaffee
Kaffeeweißer
Kakao
Kaki-Pflaume
Kaktusfeige
Kalmus
Kamille
Kaninchen Fleisch
Kapern (eingelegt)
Kapuzinerkresse
Karambole/Sternfrucht
Karausche
Kardamom
Kartoffel
Kartoffel (mehlige)
Kartoffelmehl
Käsepappeltee
Kastanien (Maronen)
Kefir
Kerbel
Kerbel getrocknet
Kichererbsen
Kirschenkompott
Kirschsaft
Kiwi
Klementine
Klettenwurzeltee
Knäckebrot
Knoblauch
Kokosflocken
Kokosmilch
Kokosnussfleisch
Kokosraspeln

Kombualge
Kompott (Früchte der Saison)
Koriander
Koriandergrün
Korinthen (rot)
Korinthen (schwarz)
Kräuter bittere
Kräuter der Provence
Kräuter verschiedene
Kräuter Wildkräuter
Kresse
Kuhmilch (1,5 % Fett)
Kuhmilch (Vollmilch 3,5 % Fett)
Kukichatee
Kümmel
Kümmel gemahlen
Kumquat
Kürbis
Kürbiskerne
Kürbiskernöl
Kurkuma (Gelbwurz)
Kuzu
Lachs
Lamm Fleisch
Lamm Schulter
Lauch (Porree)
Lauchzwiebel Schnittlauch
Laugengebäck
Lavendelblüten
Leberglättertee
Leinsamen
Leinsamen (geschrotet)
Liebstöckel
Liebstöckelsamen
Limabohnen
Lindenblütentee
Linsen gelb
Linsen rot
Linsen schwarz
Löffelbiskuit
Longane
Loquate/Japanische Mispel
Lorbeerblatt
Lotossamen
Lotoswurzeln
Löwenzahn (junger)
Löwenzahnsaft
Löwenzahnwurzeltee
Luohan-Frucht
Lychee
Lychee (Konserve)
Magermilchpulver
Mais
Mais (geröstet)

Mais (Schnellpolenta)
Mais Gries (Polenta)
Mais Mehl (Maizena)
Maishaartee
Maisstärke
Majoran
Makannastern Samen
Makrele
Malventee
Malz
Mandarine
Mandelmilch
Mandelmus
Mandeln
Mandeln Marzipan
Mango
Mangold
Mangopulver
Mangosaft
Margarine
Margarine (Diät)
Marillen
Marillensaft
Maulbeerfrucht
Meeräsche
Mehrkornbrot (Graubrot)
Melisse
Mineralwasser
Mirabelle
Miso
Miso schwarz (fermentiert)
Mispel
Mittelmeerfisch (Kabeljau, Scholle,
Schellfisch, Seeaal, Makrele)
Mixed Pickels
Mohn
Molke
Moosbeere
Morchel (schwarz, getrocknet)
Mozzarella
Mu-Erh-Pilz
Mungbohne
Mungbohnensprossen
Muskatnuss
Nachtkerzenöl
Nektarine
Nelke
Nierenbohnen (rote)
Nori, Purpurtang, Rotalge
Nudeln (Weizen) mit Ei
Nudeln (Weizen, Bandnudeln) mit Ei
Nudeln (Weizen, Lasagneblätter) mit Ei
Nudeln (Weizen, Spagetti) mit Ei
Obstmischung Fruchtsaft

Odermennig
Okra
Oliven
Oliven grün
Olivenöl
Orange
Orange abgeriebene Schale
Orange getrocknete Schale
Orange Schale
Orangenblüten
Orangenmarmelade
Orangensaft
Oregano frisch
Oregano getrocknet
Palmöl
Papaya
Paprika (Rosenpaprikapulver)
Paprika (süß)
Paranuss
Parmesan
Passionsblumenblütentee
Passionsfrucht (Maracuja)
Pastinake
Peperoni
Peperoni, gelb, entkernt, halbiert
Peperoni, rot, entkernt, halbiert
Petersilie
Petersilienwurzel
Pfeffer Cayenne
Pfeffer Körner
Pfeffer weiss (gemahlen)
Pfefferminze
Pfefferminztee
Pfeilwurzelmehl
Pferd Fleisch
Pfifferlinge/Eierschwammerl
Pflaume getrocknet
Piment
Pinienkerne
Pintobohnen gesprenkelt
Pistazien
Preiselbeermarmelade
Puddingpulver Vanille
Pumpernickel
Pute Schinken
Quargel 20%
Quinoa
Quitte
Reh Fleisch
Reineclaude
Reis Basmatireis
Reis Duftreis
Reis Gaoliangreis (Sorghum)
Reis Klebreis

Reis Langkornreis
Reis Roter
Reis Rundkornreis
Reis Schwarzer
Reis Sorte beliebig
Reis Süßer
Reishi
Reismalz
Reismehl
Reisnudeln
Reisstärke
Rettich schwarz
Rettichblätter (vom Wochenmarkt)
Rind (Kalb)
Rind Filet
Rind Fleisch
Rind Suppenfleisch
Roggen
Roggenmehl
Römersalat/Lattich-Salat
Rosenblättertee
Rosenblütentee
Rosinen
Rosmarin
Rote Grütze (ohne Zucker)
Safran
Sago (Getreide)
Sahne 10% Kaffeesahne
Sahne sauer 10%
Sahne sauer 20%
Sahne sauer 30%
Salbei
Salz Kräutersalz
Sanddorn
Saubohnen (Dicke Bohnen)
Sauerampfer
Sauerkirsche
Sauerkraut
Sauermilch
Sauerrahm 15% Fett
Sauerteig
Schaffleisch
Schafgarbe
Schafgarbentee
Schafmilch Joghurt
Schafskäse
Schafsmilch
Schimmelkäse
Schlehdorn
Schmelzkäse 30%
Schnecke
Scholle
Schwarzaugenbohnen
Schwarze Bohnen

Schwarzer Fungu Pilz
Schwarzkümmel
Schwarztee
Schwarzwurzel
Schwedenkraut (Schwedenbitter)
Schwein Bratwurst
Schwein Fleisch
Schwein Mettwurst
Schwein Schinken
Schwein Schinken gekocht
Schwein Schinken geselcht
Schwein Schinkenspeck
Senf
Senf Dijon
Senf mittelscharf
Senf süß
Senfsamen
Sesam Paste (Tahini)
Sesam, Schwarzer
Sesam, Weißer
Sesamöl geröstet
Shiitake, getrocknet
Silbermorchel, getrocknet
Soja Tofu
Soja Tofu geräuchert
Sojabohnen, Gelbe
Sojabohnen, Schwarze
Sojabohnen, Schwarze, fermentiert
Sojabohnenmilch
Sojacreme
Sojamehl
Soja-Nudeln
Sojaöl
Sojapaste (Miso)
Sojasauce
Sonnenblumenkerne
Sonnenblumenöl
Spinat
Spitzwegerichtee
Stachelbeere
Stangenbohnen (Fisolen)
Steinpilz/Herrenpilz
Sternanis
Stevia (Süßkraut)
Stutenmilch
Süßholzwurzeltee
Süßkartoffel
Süßwasserfisch
Tabasco
Taube
Taube Ei
Teemischung Harnsäuresenkend
Thymian
Thymian getrocknet

Toastbrot (Vollkorn)
Tomate getrocknet
Tomatenmark
Tomatenpüre
Tomatensaft
Tonicwasser
Topfen (Quark) 40%
Trauben rot
Trauben weiß
Traubenkernöl
Traubensaft rot
Traubensaft weiß
Trüffel
Tsampa (geröstetes Gerstenmehl)
Umeboshipaste
Umeboshipflaumen (Japanaprikosen)
Vanille
Vanillepulver
Vanilleschote
Vanillezucker natur
Vogelmiere
Wachtel
Wachtel Ei
Wakame
Walderdbeeren
Walnüsse geröstet
Walnussöl
Wasser
Wasser heiss
Weißdorn
Weiße Bohnen
Weißfischchen
Weißwurz
Weizen
Weizen Bulgurweizen
Weizen Fladenbrot
Weizen Flocken
Weizen Gras Pulver
Weizen Gries
Weizen Gries - Kindergries
Weizen Mehl
Weizengrassaft
Wermutkraut
Wildschwein Fleisch
Yamswurzel, Yamswurzelknolle
Yogitee
Ysop
Ziege
Ziegen- und Schafsmilch
Ziegenkäse
Zimtpulver
Zimtstange
Zitrone
Zitrone Saft

Zitrone Schale
Zitrone, Limette
Zitronengras
Zitronenmelisse (frisch)
Zitronenmelisse (getrocknet)
Zucker Fructose Fruchtzucker
Zucker Glukose Traubenzucker

Zucker Milchzucker
Zuckerersatz (Süßstoff)
Zwieback
Zwiebel Frühlingszwiebel
Zwiebel rot
Zwiebel Schalotte
Zwiebel weiss

4.3 Zutaten verwenden: wenig

Aal
Barsch
Bier (alkoholarm)
Bier (alkoholfrei)
Bier (Altbier)
Bier (Pils)
Brötchen (Semmel)
Butterschmalz
Colagetränk
Dornhai (Seeaal, Schillerlocken)
Erdnuss (geröstet)
Fischreste
Fischstücke gemischt (Süßwasser)
Gans (Gänseklein)
Gewürznelke
Graskarpfen
Hering
Hirsch Knochen
Honigwein (Met)
Huhn Eigelb
Karpfen
Kokosfett
Lamm Knochen
Malzbier
Mayonnaise 50%
Mayonnaise 80%
Rind Fleischknochen
Rind Ochsenschwanzstücke
Rotbarsch
Rotwein

Sahne, süß 30%
Salz
Sardellen/Sardine
Schokolade
Schokolade (Diabetiker)
Schwein Fett
Schwein Haut
Schwein Haxe (Eisbein)
Schwein Markknochen
(Röhrenknochen)
Schwein Schmalz
Thunfisch
Weißbrot (Weizenbrot)
Weißbrot Baguette
Weißbrot Brösel (Weizenbrot)
Weißbrot Knödelbrot (Weizenbrot)
Weißbrot Salzstangerl
Weißbrot Semmel
Weißwein
Weizen Bier
Wermut
Zucker (Staubzucker)
Zucker (weiß, aus Rüben)
Zucker braun
Zucker Kandis weiß
Zucker Melasse
Zucker Palmzucker
Zucker Ursüße (Zuckerrohr) süß

4.4 Kontraindikativ wirkende Lebensmittel nicht verwenden

Aal geräuchert
Astronautenkost
Austern
Austernschalenpulver
Bitterlikör
Calamari
Campari
Ente (Herz)
Fernet Branca (Kräuterbitterlikör)
Fisch Innereien

Forelle (geräuchert)
Gänseblut
Garnele
Ginsenglikör
Haifisch
Hirsch Nieren
Huhn Blut
Huhn Herz
Huhn Leber
Huhn Magen

Hummer
Kaninchen Leber
Kaviar
Krabbe
Krake
Lamm Leber
Lamm Nieren
Languste
Lycheelikör
Martini
Meereskrebs
Miesmuscheln
Prosecco
Qualle
Rind Herz
Rind Herz (Kalb)
Rind Knochenmark
Rind Leber
Rind Lunge (Kalb)
Rind Magen
Rind Niere

Rum
Sake
Schnaps
Schwein Blut
Schwein Darm
Schwein Herz
Schwein Hirn
Schwein Leber
Schwein Lunge
Schwein Magen
Schwein Nieren
Seegurke
Sherry
Shrimps
Süßwasserkrebs
Tintenfisch
Ziegen- und Schafsblut
Ziegen- und Schafshirn
Ziegen- und Schafsleber
Ziegen- und Schafsmagen

5   Komplementär

5.1   Dekokt (Abkochung)

5.1.1 Ingwer getrocknet

Treibt Schweiß, reduziert Blutfett, regt an, verhindert Erbrechen, fördert
den Speichelfluss, stärkt das Herz, wirkt schleimlösend.
10 g in zwei Dosen auf leeren Magen trinken
Besonderheiten: In der TCM wird die frische Ingwerwurzel hauptsächlich
gegen Fischvergiftung sowie Erkältungen von Lunge und Magen
verwendet. Da Ingwer die Nährstoffaufnahme fördert, wird er häufig in
unterschiedlichen Rezepturen eingesetzt, um die rasche Aufnahme
anderer Kräuter zu erleichtern und deren Wirkung dadurch zu verstärken.
Ingwer enthält das verdauungsfördernde Enzym Zingibain. Die
verdauungsfördernde Wirkung dieses Stoffes ist stärker als die des
Enzyms Papain.
Nicht verwenden bei: Hitze-Übel-Erkrankung; in zu großen Mengen führt
Ingwer zu Verstopfung. Nicht anwenden bei: Schwangerschaft, hohem
Fieber.

5.2   Heil-Tee (Aufguss)

5.2.1 Rooibos

Antioxidativ, entzündungshemmend, krebshemmend, schützt durch
enthaltene Flavonoide, positive Wirkung auch auf Alzheimer,
Arteriosklerose. Antiallergisch, hemmt die Histaminausschüttung.
Antibakteriell, antiviral, antifungal, entgiftend (basisch).
3-4 Teelöffel Rooibos mit einem Liter kochendem Wasser überbrühen
und 6-10 Min. ziehen lassen. Bei weichem Wasser benötigen Sie weniger
Tee für die Zubereitung, bei härterem Wasser empfehlen wir eine höhere
Dosierung.

5.2.2 Spitzwegerich

Gegen Blähungen als Tee, für die Wundheilung oder gegen Pilzbefall als
Tee oder Umschläge
Spitzwegerich ist eines der besten Kräuter, um die Schleimablagerungen
des Darmes aufzubrechen. Und er ist einer der besten Blutreiniger.
Wegerich ist ein gutes Leberkraut und verbessert auch die Funktion der
Nieren. Er trägt dazu bei, Blähungen und Durchfall zu verhindern.

Insgesamt gesehen ist er eines der größten Heilkräuter der Natur. Er schmeckt köstlich in einem Salat (zusammen mit Löwenzahnblättern) und wahrscheinlich wächst er in Ihrem eigenen Hinterhof.

5.3 Komplementäre Anwendung

5.3.1 Autogenes Training

Diese Technik dient zur Entspannung, Schmerzreduzierung und zur formelhaften Vorsatzbildung.
Diese Technik dient zur Entspannung und zur formelhaften Vorsatzbildung. Durch das bewusste „selbst"-Empfinden wird der Körper entspannt und die Trennwand zwischen Bewusstsein und Unterbewusstsein durchlässiger. Dies ist die beste Voraussetzung, um dann mit persönlichen Formeln auch die seelische Spannungen zu mildern oder gar aufzulösen. Dies alles kann das körperliche und seelische Wohlbefinden deutlich positiv beeinflussen. Dabei werden in meditationsähnlichen Zuständen seelische oder körperliche Zustände erfahren und versucht zu beeinflussen. Wenn in einem Autogenen Training die Konzentration auf einen Schmerz gerichtet wird, kann dieser durch den Willen zur Linderung eine effektive Linderung verspürt werden. Dabei spielen Regelkreise des Körpers mit, welche als Schutz vor weiteren Beeinflussungen auch dann einen Schmerz verspüren lassen, wenn die Ursache dafür meist schon verschwunden ist. Bei „konzentrativer Selbstentspannung" können Muskeln gelockert werden. Ich denke, dass Autogenes Training ähnlich wirkt wie eine Selbsthypnose.

5.3.2 Ayur Veda

Ayurveda ist eine Kombination aus empirischer Naturlehre und Philosophie, welche die Ausgewogenheit des Körpers anstrebt.
Ayurveda hat einen ganzheitlichen Anspruch, da der ganze Mensch mit einbezogen wird. Es werden pflanzliche Heilmittel verabreicht, welche eingenommen oder aufgetragen werden. Dadurch werden Organe gestärkt oder eine Entgiftung/Entschlackung angeregt.
Speziell bei Krebs wird das Ungleichgewicht verschiedener Elemente beschrieben und behandelt. Die Methoden der Schulmedizin mit Chirurgie, Strahlentherapien und andere Behandlungsmethoden ähneln denen der Ayurveda in vielen Punkten.

5.3.3 Einschlafkissen mit Hopfenzapfen

Entspannend, ausgleichend, stimmungsaufhellen.
Bei Bedarf anwenden.

5.3.4 Lichttherapie

Lichttherapie ist eine komplementäre und schonende Behandlung gegen saisonale Depressionen.
Heute gibt es mit der Lichttherapie, ein komplementäre und schonende Behandlung gegen saisonale Depressionen. Die meisten Patienten fühlen sich bereits nach wenigen Anwendungen wesentlich besser und ein überwältigend hoher Prozentsatz kann sogar dauerhaft vom sogenannten SAD-Syndrom (Erschöpfungssyndrom) geheilt werden. Speziell bei chronischen Erkrankungen können die positiven Wirkungen auf die Psyche stimulieren und so einen Heilerfolg unterstützen.
Eine punktuelle Lichttherapie kann bei Hautkrebs oder im Bereich von Mund und Rachentumoren eingesetzt werden. Dabei wird zunächst eine lichtempfindliche Substanz verabreicht und danach mit speziellen Lichtfrequenzen bestrahlt. Bei der Bestrahlung bilden sich aus den lichtempfindlichen Substanzen aggressive Sauerstoff Moleküle, welche die Tumorzellen direkt abtöten oder zum Verschluss von Blutgefäßen führen, wodurch ebenfalls Tumorzellen abgetötet werden. Das gesunde Gewebe in der Umgebung wird weitestgehend geschont.

5.3.5 Shiatsu Massage

Massagetechnik. Hierbei wird vor allem Wert auf das Erkennen bestehender Ungleichgewichte im menschlichen Energiehaushalt gelegt. Shiatsu hat sich im Lauf des 19. Jahrhunderts in Japan aus der Traditionellen Chinesischen Medizin heraus als eigenständige Massagetechnik entwickelt. Hierbei wird vor allem Wert auf das Erkennen bestehender Ungleichgewichte im menschlichen Energiehaushalt gelegt. Im Mittelpunkt steht dabei die Frage: In welchen Körperteilen/Organen ist zu viel, in welchen zu wenig Energie vorhanden? Wörtlich übersetzt bedeutet Shiatsu "Fingerdruck". Durch den Druck der Finger - aber auch des Ellenbogens und der Füße - auf einzelne Akupunkturpunkte (Tsubos) oder entlang von Meridianen sollen Blockaden gelöst und der Energiehaushalt wieder ins Gleichgewicht gebracht werden. Bei Shiatsu steht der ganze Mensch im Zentrum und nicht nur die Krankheit und soll die Harmonisierung des Energieflusses stärken. Gelingt dies, verbessert sich das Allgemeinbefinden und die Fähigkeit zur Selbstregulation (Immunsystem) nimmt zu. Dadurch kann Shiatsu helfen, häufige Symptome von Krebs besser zu bewältigen.

5.3.6 Tuina Massage

Unterstützt den Stressabbau, ist Blockaden lösend und Immunsystem stärkend.
Anwendung nach Vereinbarung mit dem Therapeuten.
Nicht bei Tumoren, akute Verletzungen oder Ulzerationen der Haut.

5.3.7 Vitamin A Präparate

Antioxidans, gegen freie Radikale.
Vitamin A wird normalerweise über die Nahrung aufgenommen und ist als Retinol in tierischen Produkten wie Leber, Milch und Eiern enthalten. Als Vorstufe (Pro-Vitamin) Carotin kommt es auch in Obst, Gemüse und Nüssen vor. Personen mit erhöhtem Vitamin A Bedarf, wie beispielsweise bei Erkrankungen der Schleimhäute oder während der Schwangerschaft und Stillzeit bei Vitamin A Unterversorgung, sollten die tägliche Vitamin A Aufnahme erhöhen.

5.3.8 Vitamin C Präparate

Dosierung nach Rücksprache mit Ihrem Ernährungsberater.
Das Vitamin C wird vor allem über den Darm aufgenommen. Da es im Körper nicht gespeichert werden kann, ist eine regelmäßige Aufnahme notwendig. Die empfohlene Zufuhr von Vitamin C beträgt 100 Milligramm pro Tag für Erwachsene.

5.3.9 Yoga

Yoga ist eine indische philosophische Lehre, die eine Reihe geistiger und körperlicher Übungen umfasst.
Es gibt viele verschiedene Formen des Yoga, oft mit einer eigenen Philosophie und Praxis. Einige sind meditative Formen von Yoga und legen ihren Schwerpunkt auf die geistige Konzentration, andere auf körperliche Übungen und Atemübungen, einige Richtungen betonen die Askese. Yoga lässt die Klienten innerlich stärker werden, sie fühlen sich wohler und können mit der Krankheit besser umgehen. Auf physischer Ebene können die Übungen dazu beitragen, die Durchblutung fördern, der Lymphfluss anzuregen sowie Muskeln und Bänder zu kräftigen und für mehr Flexibilität zu sorgen.

5.4 Speisezugabe

5.4.1 Bockshornklee

Gibt Energie und stärkt.
1 TL Pulver mit Wasser oder warmer Milch, 1 Tasse täglich (Ayurveda)

Wirkstoffe: Muzzilago, Steroidsaponine, Sterole, Flavonoide, hoher Schleimgehalt, Proteine, Fette
Zum Würzen immer als Pulver verwenden, geeignet in Suppen, Eintöpfen, Hülsenfrüchten, Huhn, als Tee.
Die Samen nur zum Keimen verwenden: durch kurzes Ankeimen werden die Inhaltsstoffe potenziert und fördern die Verdauung ganz außerordentlich. Zum Würzen müssen sie erst geröstet und dann gemörsert werden.
Nichtverwenden in der Schwangerschaft, Yin-Mangel mit Hitze, bei Infektionskrankheiten.

5.5 Verschiedene Möglichkeiten

5.5.1 Aromatherapie

Aromatherapie ist die Behandlung von Befindlichkeitsstörungen und Erkrankungen mit ätherischen Ölen oder Räucherwerk.
Je nach Entscheidung des Therapeuten.
Aromatherapie ist die Behandlung von Befindlichkeitsstörungen und Erkrankungen mit ätherischen Ölen oder Räucherwerk. Sie ist Bestandteil der Phytotherapie (Pflanzenheilkunde) und Teil komplementärmedizinischer Methoden. Der Geruchssinn wird angesprochen; dies führt zu altbekannten Reaktionen. Ätherische Öle können eine direkte Wirkung auf die Organe haben. Lavendelöl soll zum Beispiel beruhigend wirken, Thymian aktivierend, Jasmin öl sei antidepressiv, Orangen- und Zitronenöl sollen die Stimmung aufhellen. Heutzutage werden begleitend zur Schulmedizin selbst in Spitälern, Pflegeheimen und Hospizen die beruhigenden und entspannenden Wirkungen gerne genutzt. Bei manchen Präparaten ist auch eine antibakterielle Wirkung nachgewiesen, welche begleitende genutzt werden kann.

5.5.2 Himbeere Blätter

Lindert blutige Diarrhöe, Menstruationsbeschwerden. Kräftigt Bänder in der Schwangerschaft. Kräftigt Muttermund vor der Geburt und macht sie flexibler. Gut gegen Entzündungen von Haut und Schleimhäuten (Mundschleimhaut, Halsweh, Ekzeme).
5-10g. Blätter mit 1 Liter Wasser.

5.5.3 Komplementäre Vitaminpräparate

Zusätzlich zugeführte Vitamine können Ihr Wohlbefinden steigern und ermöglichen meistens einen rascheren Heilungsprozess. Bei Magen-Darmerkrankungen oder anderwärtig erhöhtem Bedarf können

ergänzend Nahrungsergänzungsmittel helfen.
Bitte mit dem behandelnden Arzt oder Therapeuten anhand eines
Blutbildes absprechen.
Es gibt fettlösliche und wasserlösliche Vitamine. Fettlösliche werden in
Depots des Körpers gespeichert und müssen nicht täglich eingenommen
werden. Der Körper benötigt den Großteil der wasserlöslichen Vitamine
zur Bildung von Co-Enzymen. Wen Ernährungsstörungen vorliegen
sollten diese Vitamine regelmäßig zugeführt werden.

5.5.4 Meerrettich

Gut gegen Allergien, Stirnhöhleninfektionen, Nieren - u. Blaseninfektion,
Bronchitis, Rheuma, Kopf - u. Zahnschmerzen.
Wirkstoffe: Senföl, Glykoside, Gluconasturtiin, Sinigrin, Vitamin C, Kalium
Zuviel kann zu Reizungen im Magen - Darm u. Niere führen.

6 Grundlagen der Ernährung

Die hier beschriebenen Grundlagen der Ernährung zeigen allgemeine Empfehlungen und beziehen sich nicht auf eine spezielle Therapieform. Die Empfehlungen der Therapie haben Vorrang.

6.1 Ernährung

Die regelmäßige Einnahme von Mahlzeiten in entspannter Atmosphäre. Ein wärmendes Frühstück gilt als guter Start in den Tag. Mittags sollte die Hauptmahlzeit stattfinden - das Abendessen am frühen Abend.

Die Beachtung von Hunger- und Sättigungsgefühlen: Nicht überessen und nicht hungern, so lautet die Regel.

Die frische Zubereitung der Speisen aus naturbelassenen, regionalen Produkten. Tiefgekühlte, hitzekonservierte, industriell vorgefertigte oder mikrowellengegarte Lebensmittel werden gemieden.

Die Auswahl von Lebensmittel nach der Jahreszeit: Im Sommer mehr kühlende Nahrung, im Winter mehr wärmende Nahrung.

Mindestens zweimal am Tag Gekochtes essen. Speisen und Getränke sollen möglichst handwarm, niemals eiskalt oder heiß sein.

Rohkost, kurz gegartes Gemüse, frisch gepresste Säfte und Mineralwasser werden üblicherweise nicht empfohlen. Milch und Milchprodukte stehen nur dann auf dem Speiseplan, wenn sie problemlos vertragen werden.

Therapeutische Rezepte nicht über einen längeren Zeitraum ohne Rücksprache mit dem Arzt oder Therapeuten einnehmen.

1. Vielseitig essen
Lebensmittelvielfalt genießen. Merkmale einer ausgewogenen Ernährung sind abwechslungsreiche Auswahl, geeignete Kombination und angemessene Menge nährstoffreicher und energiearmer Lebensmittel. (Einerseits Schutz vor Unterversorgung mit essentiellen Nährstoffen und andererseits Schutz vor einer überhöhten Zufuhr unerwünschter Inhaltsstoffe.)

2. Reichlich Getreideprodukte - und Kartoffeln
Brot, Nudeln, Reis, Getreideflocken (am besten aus Vollkorn), sowie

Kartoffeln enthalten kaum Fett, aber reichlich Vitamine, Mineralstoffe, Spurenelemente sowie Ballaststoffe und sekundäre Pflanzenstoffe. Diese Lebensmittel sollten mit möglichst fettarmen Zutaten verzehrt werden.

3. Gemüse und Obst - Nimm "5" am Tag ...

5 Portionen Gemüse und Obst am Tag, möglichst frisch, nur kurz gegart, oder auch eine Portion als Saft – idealerweise zu jeder Hauptmahlzeit und auch als Zwischenmahlzeit: Damit werden reichlich Vitamine, Mineralstoffe sowie Ballaststoffe und sekundären Pflanzenstoffe (z.B. Carotinoiden, Flavonoiden) zugeführt. Das Beste, was man für die eigene Gesundheit tun kann.

4. Täglich Milch und Milchprodukte, ein- bis zweimal in der Woche

Fisch; Fleisch, Wurstwaren sowie Eier in Maßen. Diese Lebensmittel enthalten wertvolle Nährstoffe, wie z.B. Calcium in Milch, Jod, Selen und Omega-3-Fettsäuren in Seefisch. Fleisch ist wegen des hohen Beitrags an verfügbarem Eisen und an den Vitaminen B1, B6 und B12 vorteilhaft. Mengen von 300 - 600 g Fleisch und Wurst pro Woche reichen hierfür aus. Fettarme Produkte bevorzugen, vor allem bei Fleischerzeugnissen und Milchprodukten.

5. Wenig Fett und fettreiche Lebensmittel

Fett liefert lebensnotwendige (essenzielle) Fettsäuren und fetthaltige Lebensmittel enthalten auch fettlösliche Vitamine. Fett ist besonders energiereich, daher kann zu viel Nahrungsfett Übergewicht fördern, möglicherweise auch Krebs. Zu viele gesättigte Fettsäuren fördern langfristig die Entstehung von Herz-Kreislauf-Krankheiten. Pflanzliche Öle und Fette bevorzugen (z.B. Raps-, Oliven- und Sojaöl und daraus hergestellte Streichfette). Auf unsichtbares Fett achten, das in Fleischerzeugnissen, Milchprodukten, Gebäck und Süßwaren sowie in Fast-Food- und Fertigprodukten meist enthalten ist. Insgesamt 70 - 90 Gramm Fett pro Tag reichen aus.

6. Zucker und Salz in Maßen

Nur gelegentlich Zucker und Lebensmittel, bzw. Getränke verzehren, die mit verschiedenen Zuckerarten (z.B. Glucose Sirup) hergestellt wurden. Kreativ mit Kräutern und Gewürzen und wenig Salz würzen. Jodiertes Speisesalz bevorzugen.

7. Reichlich Flüssigkeit

Wasser ist absolut lebensnotwendig. Jeden Tag rund 1-2 Liter Flüssigkeit trinken. Wasser (ohne oder mit Kohlensäure) und andere kalorienarme Getränke bevorzugen. Alkoholische Getränke sollten nicht konsumiert werden.

8. Schmackhaft und schonend zubereiten

Die jeweiligen Speisen bei möglichst niedrigen Temperaturen garen,
soweit es geht kurz, mit wenig Wasser und wenig Fett - das erhält den
natürlichen Geschmack, schont die Nährstoffe und verhindert die Bildung
schädlicher Verbindungen.

9. Sich Zeit nehmen und das Essen genießen

Bewusstes Essen hilft, richtig zu essen. Auch das Auge isst mit. Sich
beim Essen Zeit lassen. Das macht Spaß, regt an, vielseitig zuzugreifen
und fördert das Sättigungsempfinden.

10. Auf das Gewicht achten und in Bewegung

Ausgewogene Ernährung, viel körperliche Bewegung und Sport (30 bis
60 Minuten pro Tag) gehören zusammen. Mit dem richtigen
Körpergewicht fühlt man sich wohl und fördert die Gesundheit.
Thermik, Wirkrichtung, Verdauungskraft
Es gibt unterschiedliche Kriterien, die Wirksamkeit von Kräutern und
Lebensmittel zu beurteilen. Der Einsatz der Kräuter und Zutaten basiert
auf Beobachtung, was die Lebensmittel, Kräuter und Gewürze nach
ihrem Verzehr im Körper bewirken. In der Medizin hat sich daraus
folgendes System entwickelt: Jede Zutat oder Kraut hat eine
Wirkrichtung. Außerdem gibt es noch Kräuter, die eine besondere
Wirkung auf bestimmte Organe haben.

Voraussetzung für einen gesunden Stoffwechsel ist es, darauf zu achten,
dass wir ausreichend Energie aus der Nahrung gewinnen und der
Verdauungsprozess so wenig Energie wie möglich verbraucht. Eine
bekömmliche Mahlzeit macht zufrieden und satt, verursacht keine
Blähungen und keine Müdigkeit nach dem Essen. Richtiges Würzen
erhöht die Bekömmlichkeit unserer Speisen. Es genügen oft schon
geringe Mengen an Kräutern und Gewürzen. Sie dienen nicht dazu, uns
satt zu machen, sondern helfen unseren Verdauungsorganen, die
Nahrung zu verdauen.

6.2 Rezepte

Die Rezepte zeigen Ihnen welche Zutaten verwendet werden sowie mit
der Kochanleitung wie diese zubereitet werden. Bei den Zutaten wird
neben den Mengenangaben auch die Wichtigkeit für die Therapie
angezeigt. Wenn dabei angezeigt wird "weniger als angegeben"
versuchen Sie diese Empfehlung einzuhalten oder eine Alternative aus

der Liste der "Empfohlenen Lebensmittel" zu finden. Meistens ist es nur eine leichte geschmackliche Änderung wenn Sie diese Zutat gänzlich weglassen.

Schonende Kochmethoden: Kochen, dämpfen, pochieren, dünsten
Scharfe Kochmethoden: Grillen, rösten, anbraten, räuchern
Ausgeglichene Kochmethoden: Frittieren, Römertopf

Auf das Einfrieren und erwärmen in der Mikrowelle sollte verzichtet werden (Denaturierung).

6.3 Lebensmittel

Lebensmittel wirken wie Heilkräuter auf Körper und Geist, nur wesentlich sanfter. Die Ernährungsberatung stützt sich hauptsächlich auf heimische Lebensmittel. Das Wissen über die Wirkungsweisen jedes einzelnen Lebensmittels und das Wissen wann welche Lebensmittel zur Anwendung kommen, entstammt der Schulmedizin. Verwende Sie möglichst Erzeugnisse aus ökologischen-biologischem Landbau.

Da wegen der besseren Verdaulichkeit grundsätzlich alles lange gekocht und kaum roh gegessen wird, ist die Verträglichkeit hervorragend.

Die Einteilung der Lebensmittel entsprechend ihrer Wirkung auf den Körper und bildet die Basis, um einen ausgewogenen und harmonischen Gesundheitszustand im Körper zu erreichen.

Grundsätzlich empfiehlt die Ernährungsberatung keine bestimmten Lebensmittel für Jedermann. Ausschlaggebend für den individuellen Speiseplan ist vor allem die persönliche Konstitution.

Kaufen Sie nur frisches und reifes Obst und Gemüse ein. Braune Stellen, welke Blätter aber auch unreifes Obst und Gemüse sollten Sie im Supermarkt zurücklassen. Greifen Sie dann zu Tiefkühlware (keine Fertiggerichte!). Tiefkühlobst und -gemüse werden kurz nach dem Ernten schockgefroren und enthalten deshalb oftmals mehr Vitamine und Mineralstoffe, als die Ware aus der Obst- und Gemüsetheke! Konserven- und Dosenware dagegen enthält wesentlich weniger Biostoffe. Zudem werden Letztere meist mit Salz, Zucker usw. angereichert. Lassen Sie die Zutaten nach dem Waschen nie im Wasser liegen, denn so gehen viele Vitalstoffe ins Wasser über! Putzen Sie Salate, Früchte und Gemüse erst unmittelbar vor Verzehr.

Beachten Sie bitte die hygienische Verarbeitung der Lebensmittel. Waschen Sie Ihre Salate, Früchte und Gemüse gründlich. Bei Gerichten mit Fleisch bereiten Sie zuerst die Zutaten vor und verarbeiten dann die Fleischprodukte. Reinigen Sie danach die Arbeitsflächen und Werkzeuge besonders gründlich. Holzunterlagen sollten regelmäßig mit leichtem Desinfektionsmittel behandelt werden um die Keimbildung einzuschränken.

Bewahren Sie Obst und Gemüse möglichst getrennt voneinander auf. Auch geerntete Früchte und Gemüse leben und strömen z.B. Ethylengas aus, das andere Sorten schneller reifen und altern lässt. Fleisch und Fisch in der verschlossenen Verpackung lassen oder in luftdichten Boxen im Kühlschrank aufbewahren.

6.4 Kräuter

Bei der Aufbewahrung und Lagerung von Heilkräutern, müssen gewisse Grundregeln beachtet werden. Grundsätzlich müssen Heilkräuter geschützt vor direkter Sonneneinstrahlung, vor Feuchtigkeit und vor heißen Temperaturen gelagert werden.

Als Gefäße für die Lagerung von Heilkräutern können Gläser, Keramik-Behälter und zur Not auch Plastik-Dosen eingesetzt werden. Plastik ist aber ein sehr unreines Material und sollte daher wirklich nur eine kurzfristige Notlösung sein. Bei Glasbehältern ist darauf zu achten, dass dunkles Glas verwendet wird.

Heilkräuter können nicht beliebig lange aufbewahrt werden. Die Haltbarkeit von Heilkräutern ist auf jeden Fall begrenzt. Durch die Haltbarkeitsdauer kann durch sachgerechte Lagerung wesentlich erhöht werden. So soll der Lagerplatz dunkel, eher kühl und absolut trocken sein. Ein Medizinschrank aus Holz, der nicht direkt bei einer Wärmequelle platziert ist wäre ideal. Um Ihre Heilkräuter nicht wegwerfen zu müssen, kaufen Sie nicht zu große Mengen an Heilpflanzen. Beschriften Sie die Behälter mit dem Namen des Heilkrauts und dem Datum der Ernte bzw. der Verarbeitung.

7 Weitere Ernährungsvorschläge

Folgende Syndrome der Diätetik, der TCM oder als Therapieergänzung bei Krebs sind verfügbar.

DIÄTETIK
1. Ernährung des Säuglings - Beikost
2. Ernährung in der Stillzeit
3. Ernährung im Alter
4. Ernährung von Kindern und Jugendlichen
5. Ernährung von Sportlern
6. Leichte Vollkost
7. Schwangerschaft
8. Vollkost

Eiweiß und Elektrolyt – Nieren
9. (Hämo-)Dialysebehandlung
10. Akutes Nierenversagen
11. Chronische Niereninsuffizienz
12. Nephrotisches Syndrom
13. Nierensteine (Nephrolithiasis)

Gastrointestinaltrakt - Bauchspeicheldrüse
14. Akute Pankreatitis (Entzündung der Bauchspeicheldrüse)
15. Chronische Pankreatitis (Entzündung der Bauchspeicheldrüse)

Gastrointestinaltrakt - Dünndarm und Dickdarm
16. Akute Obstipation (Verstopfung)
17. Chronische Obstipation (Verstopfung)
18. Colon irritabile
19. Divertikulitis
20. Erworbene Laktoseintoleranz (Laktosemalabsorption)
21. Fruktosemalabsorption
22. Glutensensitive Enteropathie (Zöliakie)
23. Kolektomie
24. Kurzdarmsyndrom

Gastrointestinaltrakt - Leber, Gallenblase, Gallenwege
25. Akute und chronische Hepatitis (Entzündung der Leber)
26. Cholelithiasis (Gallensteine)
27. Fettleber
28. Leberzirrhose

Gastrointestinaltrakt - Magen und Zwölffingerdarm
29. Akute Gastritis
30. Chronische Gastritis
31. Magenblutung
32. Ulcus ventriculi und Ulcus duodeni
33. Zustand nach Magenoperation

Gastrointestinaltrakt - Mundhöhle und Speiseröhre
34. Mundschleimhautentzündung
35. Ösophaguskarzinom (Speiseröhrenkrebs)
36. Reflüxösophagitis (Sodbrennen)

spezielle Krankheiten
37. Phenylketonurie (PKU)
38. Rheumatische Gelenkserkrankungen

Stoffwechsel
39. Adipositas (Übergewicht)
40. Diabetes mellitus
41. Essstörungen (Untergewicht)
Fettstoffwechsel
42. Hypercholesterinämie (erhöhter Cholesterinspiegel)
43. Hepatische Enzephalopathie
Herz- und Kreislauf
44. Arteriosklerose (Arterienverkalkung)
45. Herzinsuffizienz
46. Hypertonie (Bluthochdruck)
47. Hyperurikämie und Gicht
veränderter Nährstoffbedarf
48. bei Fieber
49. bei malignen Erkrankungen
50. nach Verbrennungen
51. Strahlen- und Chemotherapie

KREBS
100. Bauchspeicheldrüse
101. Blasenkrebs
102. Blutkrebs (Leukämie)
103. Brustkrebs
104. Darmkrebs
105. Magenkrebs
106. Nierenkrebs
107. Speiseröhrenkrebs

TCM
200. Blase - Feuchte Hitze in der Blase
201. Blase - Feuchtigkeit und Kälte in der Blase
202. Blase - Leere und Kälte in der Blase
203. Dickdarm - äussere Kälte befällt den Dickdarm
204. Dickdarm - Feuchte Hitze im Dickdarm
205. Dickdarm - Hitze blockiert den Dickdarm II akut
206. Dickdarm - Trockenheit des Dickdarms
207. Dickdarm - Yang Mangel (Kälte)
208. Herz - Blut Mangel
209. Herz - Blut Stagnation
210. Herz - Feuer
211. Herz - Heisser Schleim verstopft die Herzporen
212. Herz - Kalter Schleim verstopft die Herzporen
213. Herz - Qi Mangel
214. Herz - Yang Mangel
215. Herz - Yin Mangel
216. Leber - aufsteigender Leber-Yang
217. Leber - Blut-Mangel
218. Leber - Blut-Stagnation
219. Leber - feuchte Hitze in Leber und Gallenblase
220. Leber - Feuer
221. Leber - Gallenblase Qi-Leere
222. Leber - Kälte im Lebermeridian
223. Leber - Qi-Stagnation

224. Leber - Wind
225. Leber - Wind mit aufsteigendem Leber Yang
226. Leber - Wind mit Blutleere
227. Leber - Wind mit extremer Hitze
228. Lunge - Qi Mangel
229. Lunge - Schleim-Feuchtigkeit in der Lunge
230. Lunge - Schleim-Hitze in der Lunge
231. Lunge - Schleim-Kälte in der Lunge
232. Lunge - Trockenheit der Lunge
233. Lunge - Wind-Hitze befällt die Lunge
234. Lunge - Wind-Kälte befällt die Lunge
235. Lunge - Yin Mangel
236. Magen - Blutstagnation
237. Magen - Feuer
238. Magen - Magenkälte mit Flüssigkeit
239. Magen - Nahrungsstagnation
240. Magen - Qi Mangel
241. Magen - rebellierendes Magen Qi
242. Magen - Yin Leere
243. Milz - Hitze und Feuchtigkeit befällt die Milz
244. Milz - Kälte und Feuchtigkeit befällt die Milz
245. Milz - Qi Mangel
246. Milz - Qi Mangel + Absinkendes MilzQi
247. Milz - Qi Mangel + Milz kontrolliert das Blut nicht
248. Milz - Yang Mangel
249. Niere - Herz und Niere kommunizieren nicht mehr
250. Niere - Jing Mangel
251. Niere - Nieren können das Qi nicht empfangen
252. Niere - Qi ist nicht fest
253. Niere - Yang Mangel
254. Niere - Yin Mangel